FRAUEN GOTTES DIENSTE

Modelle und Materialien

Thema: Prophetinnen

Herausgegeben von
Anneliese Knippenkötter/
Christel Voß-Goldstein

KlensVerlag/Schwabenverlag

Die Deutsche Bibliothek - CIP-Einheitsaufnahme
Frauengottesdienste : Modelle und Materialien / hrsg. von Anneliese Knippenkötter/Christel Voß-Goldstein. - Düsseldorf : Klens-Verl. ; Ostfildern : Schwabenverl.
7. Thema: Prophetinnen. - 1999
ISBN 3-87309-163-1 (Klens-Verl.)
ISBN 3-7966-0957-0 (Schwabenverl.)

Umschlaggestaltung: Andrea Kuckelkorn, Düsseldorf
Layout: Wolfgang Sailer, Schwabenverlag
Satz: Schwabenverlag AG, Ostfildern
Druck: Süddeutsche Verlagsgesellschaft mbH, Ulm
Printed in Germany

ISBN 3-7966-0957-0 (Schwabenverlag)
ISBN 3-87309-163-1 (KlensVerlag)

Inhalt

Thema: Prophetinnen

Werkstatt Gottesdienst

Lieder

Stichwort Liturgie

Kurz vorgestellt

THEMA PROPHETINNEN

Hinführung

Manchmal antwortet jemand auf eine Frage in der saloppen Alltagssprache: »Ich bin doch kein Prophet.« Gemeint ist, daß der oder die Gefragte nicht weiß, was in Zukunft sein wird. Doch hat das etwas mit unserem Thema zu tun? Wohl kaum.

Die Bibel erzählt von Propheten und Prophetinnen. Manche Namen sind uns vertraut, andere entdecken wir beim genaueren Hinsehen oder Hinhören. In der Liturgie unserer Gottesdienste begegnen sie uns. Wir lesen Texte beispielsweise von dem Propheten Amos, von Jeremia, Jesaja, Ezechiel und anderen. Sehr viel seltener kommen Prophetinnen zu Wort. Aber gelegentlich hören wir Texte von Mirjam (Ex 15,20f), Debora (Ri 4,4–10; 5,1ff) oder Hulda (2 Kön 22,11–20).

»Es ist immerhin bezeichnend«, stellt Franz Josef Stendebach in einem Sachbuch zu den Propheten Israels »Rufer wider den Strom« fest, »daß in der durch und durch patriarchalisch bestimmten Gesellschaft Israels die Tätigkeit von Prophetinnen überliefert ist. Mirjam stimmt das Siegeslied nach der Vernichtung der Ägypter am Schilfmeer an, Debora ruft zum Kampf gegen den kanaanäischen Feldherrn Sisera auf, Hulda wird von König Joschija nach der Auffindung des Gesetzesbuches im Tempel zu Jerusalem (622 v. Chr.) über Jahwes Willen befragt.«[1]

Drei Prophetinnen neben den vielen ausdrücklich genannten Propheten. Waren es nicht mehr? Mit Sicherheit. Doch die Wirkungsgeschichte der Prophetinnen blieb weithin unbekannt. Die neuerliche Nachfrage nach dem, was einen Propheten, eine Prophetin auszeichnet, macht auch noch auf andere Frauen aufmerksam, obgleich sie nicht ausdrücklich als Prophetin bezeichnet werden.

Propheten sind zunächst einmal Hörende, die den Ruf Gottes wahrnehmen und verstehen. Sie setzen sich kritisch damit auseinander, widersprechen und widersetzen sich gelegentlich wie beispielsweise Amos, der sagt: »Ich tauge nicht zum Propheten, ich bin

Viehzüchter« (Am 7,14). Zum anderen sind Propheten Sehende. Sie erkennen die Mißstände in ihrer Zeit, sie analysieren die Wirklichkeit aus der Sicht der Benachteiligten und Unterdrückten. Und schließlich sind Propheten die von Gott berufenen Rufer, beauftragte Sprecher oder Mahner, die die Dinge beim Namen nennen – ob gelegen oder ungelegen –, und sie zeigen den Weg zum Heil.

In der prophetischen Rede kommt ihre Erfahrung mit Gott – mit Jahwe – zum Ausdruck. So erzählt das Lied Mirjams von der Erfahrung der Rettung aus der Unterdrückung, vom Umsturz der ungerechten Verhältnisse und bekennt Jahwe als den »Gott mit uns«. Diese und andere Elemente prophetischer Rede finden wir auch bei weiteren Frauen der hebräischen Bibel. Die jüdische Tradition spricht von sieben Prophetinnen. Außer den schon genannten Prophetinnen Mirjam, Debora und Hulda zählen nach dem Talmud auch Sara, Ester, Abigail und Hanna dazu. Der Lobpreis der Hanna (1 Sam 2,1–11) auf die Größe des Herrn, ihre Antwort auf die erbetete Schwangerschaft, wird Jahrhunderte später von Maria ebenfalls als Antwort auf eine Schwangerschaft, die das Schicksal des Volkes Israel bestimmen soll, angestimmt: Magnificat.

Prophetinnen sind Sehende, Hörende und Redende, das drückt auch die Grafikerin in der Titelgestaltung zu dieser Ausgabe der FrauenGottesDienste eindrucksvoll aus. Aber es bleibt die Frage: Nehmen wir in unserer so lauten Zeit Prophetinnen und Propheten überhaupt noch wahr? Ich frage mit Nelly Sachs:

»Wenn die Propheten aufständen
in der Nacht der Menschheit
wie Liebende, die das Herz des Geliebten suchen,
Nacht der Menschheit
würdest du ein Herz zu vergeben haben?«

Anneliese Knippenkötter

1 Franz Josef Stendebach, Rufer wider den Strom, Sachbuch zu den Propheten Israels, Stuttgart 1992, S. 38/39

Gottesdienste

»Die sieben Prophetinnen der Hebräischen Bibel«

WORTGOTTESFEIER

Wenn diese Wortgottesfeier in einem großen Raum stattfindet, können die Teilnehmerinnen im Kreis sitzen. Die Raummitte wird gestaltet mit Tüchern, auf denen Bilder (vergrößerte Kunstpostkarten) der sieben Prophetinnen liegen. In der Mitte steht ein siebenarmiger Leuchter (Menora). Es wird jeweils eine Kerze angezündet, wenn eine Prophetin vorgestellt wird. Diese Wortgottesfeier könnte auch bei einer Feier der Frauen der Jüdisch-Christlichen Gesellschaft stattfinden – zum Beispiel in der »Woche der Brüderlichkeit«.

Begrüßung und Eröffnung

Ein herzliches Willkommen sage ich Ihnen am Beginn unserer Wortgottesfeier, in der wir uns an die sieben Prophetinnen der Hebräischen Bibel erinnern wollen. Die interpretierenden Worte zu den Bibeltexten hat die Jüdin Miriam Brassloff geschrieben. Sie fragt: Was ist ein Prophet? Was ist eine Prophetin? Ihre kurze Antwort dazu:

»Im allgemeinen Sprachgebrauch ist ein Prophet ein Mensch, der in die Zukunft schauen kann. Im biblischen Hebräisch steht für den Propheten die Bezeichnung ›Navi‹. Das heißt: ein Mensch, der wie ein Hohlraum Botschaft von Gott empfängt und weitergeben muß. Oft zeigt er Mißstände auf und warnt vor den Folgen.

Beim Lesen prophetischer Texte ist es wichtig zu erkennen, wo ein Prophet über seine eigene Zeit und konkrete Situation spricht und wo es um immerwährende ethische Grundsätze geht, die allgemeingültig sind und auch uns heute betreffen.

Bei den Prophetinnen der Hebräischen Bibel ist die Situation etwas anders. Wir erfahren wenig von ihnen und müssen auch auf das wenige erst aufmerksam werden.«

(Miriam Brassloff)

Wir sind eingeladen, in dieser Stunde die biblischen Texte – vielleicht für einige lange vertraut, für andere nie gehört –, die von Prophetinnen erzählen, zu hören und zu meditieren.

Wir loben, preisen und danken Gott für sein treues Weggeleit, für seine Güte, für seine Liebe und singen nach dem Psalm 148 das Lied »Erfreue dich Himmel, erfreue dich Erde«.

Lied

»Erfreue dich Himmel, erfreue dich Erde« (GL 259)

Erste Prophetin: Sara

Biblische Lesung: Gen 1,1–21

Sara weiß ...

»Die sieben Frauen, die von den jüdischen Gelehrten als Prophetinnen angesehen werden, sind: Sara, Mirjam, Debora, Hanna, Abigail, Hulda und Ester. Sie waren Frauen von besonderer moralischer Kraft. Sie bewiesen Einsicht in die Situation ihrer Zeit und ihrer Umgebung. Vor allem aber war es ihr starkes Gottvertrauen, das sie zu Prophetinnen machte. Sie strahlten es aus und gaben es weiter.

Da die Bibel von Männern geschrieben wurde, wissen wir wenig von den Gedanken, Gefühlen und Wünschen der Prophetinnen – nur das Thema Kinderlosigkeit schien den Berichterstattern wichtig zu sein. Frauen heute aber haben angefangen, nach den Spuren des prophetischen Lebens dieser Frauen zu fragen:

Von Sara heißt es, daß sie mit Abraham zusammen ›Seelen gemacht‹ hat. Das heißt: die beiden haben Menschen zum Glauben an den einen Gott gebracht. Über Saras Zelt war lebenslang die ›Schechina‹, die ›Einwohnung Gottes‹.

Nicht Abraham, sondern Sara hatte die Gabe der Prophezeiung. Deshalb instruierte Gott Abraham entsprechend, indem er sagt: ›Alles, was Sara dir sagt, das sollst du tun‹ (Gen 21,12). Sara ›weiß‹, daß Isaak der Verheißungsträger ist, der den Gottesglauben weitertragen wird. Deshalb müssen Hagar und Ismael fortgehen.«

(Miriam Brassloff)

Stille

Stamm-Mutter Sara –
wer redet von dir?

Vom Stamm-Vater redet man,
von Abraham, deinem Mann.

Stamm-Mutter Sara –
wer redet von dir?

Wer redet von deiner Kinderlosigkeit,
von deinem Warten,
von deiner Sehnsucht nach einem Kind?

Wer redet von deinem Aufbruch,
von deiner Mühe,
von der Last deines Weges?

Wer redet von deiner Angst,
von deiner Verwunderung,
von deinem Erstaunen über die Verheißung?

Wer redet von deinen Tränen,
von deiner Not,
von deiner Sorge um dein Kind?

Stamm-Mutter Sara –
wer redet von dir?

Du bist wichtig für mich –
in meiner Kinderlosigkeit,
in meinem Aufbruch,
in meiner Angst,
in meinen Tränen.

Du bist wichtig für mich –
für meine Suche nach mir selbst.

Du bist wichtig für mich –
für meine Suche nach meinem Gott.

Stamm-Mutter Sara –
sei Mutter für mich:
Mutter des Glaubens.

(Marie-Luise Langwald)

Meditative Musik

Zweite Prophetin: Mirjam

Biblische Lesung: Ex 15,1–21

Mirjam geht voraus

»Die Prophetin Mirjam wird ›Schwester Aarons‹ genannt. Aaron ist Priester. Mirjam ist keine Priesterin. Wir lernen sie zunächst als ›Kindermädchen‹ ihres kleinen Bruders Mose kennen.

Die mündliche Überlieferung lehrt, daß es Mirjam war, die ihre Eltern überredete, ihr Eheleben weiterzuführen trotz der grausamen Anordnung des Pharao, alle männlichen Kinder der Hebräer im Nil zu ertränken (Ex 1,22). Das erklärt auch, wie sie dazu kommt, das Körbchen mit dem Kind zu beobachten und der ägyptischen Prinzessin die eigene Mutter als Amme vorzuschlagen. Mirjam ›wußte‹, daß dieses Kind wichtig sein würde für das ganze Volk, auch wenn es am ägyptischen Königshof aufwachsen würde, ohne die eigene Familie und Kultur.

Mirjams prophetische Kraft zeigt sich dann später bei der Überquerung des Schilfmeers. Sie geht voraus und gibt ihr Gottvertrauen den anderen Frauen und damit auch den Männern weiter: Kommt mir nach! Es wird gut werden! Gott wird mit uns sein! Mirjam versteht die Situation. Sie hat moralische Kraft. Ihr Lied (Ex 15) hilft dem Volk, die Angst zu überwinden, seinen Weg zu gehen.«

(Miriam Brassloff)

Stille

Prophetin am Schilfmeer

Prophetin will ich sein
wie du,
Mirjam,
Prophetin
am Schilfmeer unserer Zeit.

Gott entdecken will ich
wie du,
Mirjam,
preisen
und rufen zum Lob.

Geschichte deuten will ich
wie du,
Mirjam,
singen
und einladen zum Tanz.

Leben gestalten will ich
wie du,
Mirjam,
aufstehen
und ermutigen zum Schritt.

Prophetin am Schilfmeer,
Schwester,
reich mir die Hand.

(Marie-Luise Langwald)

Lied und Tanz: »Singet Ihm« – Mirjamlied (s. S. 48)

Dritte Prophetin: Hanna

Biblische Lesung: 1 Sam 2,1–11

Hanna schaut durch

»Hanna – ihre Geschichte steht im 1. Buch Samuel, Kap. 1 und 2 – ist eine sehr geliebte Frau, die lange kinderlos bleibt und deswegen verhöhnt wird, vor allem von der zweiten Frau ihres Mannes, die ihm schon viele Kinder geboren hat. Die Geschichte ist bekannt. Aber die der Prophetin Hanna?

Bei der jährlichen Wallfahrt zum Heiligtum von Silo betet Hanna allein und unter vielen Tränen um einen Sohn. Dabei verbindet sie ihre Geschichte mit der Geschichte ihres Volkes und mit diesem Ort, an dem das Volk Gott sucht: der Sohn, den sie erbittet, soll dem Dienst des Herrn geweiht sein.

Hanna ›weiß‹, daß der Priester Eli seine Söhne schlecht erzogen hat, daß das Stiftszelt bei ihm in schlechten Händen ist. Daß Eli sie für betrunken hält, zeigt nur seine Dummheit und fehlende Menschenkenntnis.

Als Hannas Bitte erhört und ihr Sohn geboren ist, ist sie es, die ihm seinen Namen gibt, die ihn erzieht und belehrt, bis er groß genug ist, ihrem Verständnis vom richtigen Gottesweg zu folgen. Eli wäre kein geeigneter Lehrer für Samuel gewesen.

Es ist Hannas prophetische Kraft, die Samuels Weg bestimmt und damit den Glauben des Volkes stärkt, die Kette der Überlieferung nicht abbrechen läßt.«

(Miriam Brassloff)

Stille

Hanna, ich singe mit dir

Mein Herz ist voll Freude
über den Herrn.
Hanna, ich singe mit dir.

Er hat mir Leben gegeben,
Eltern, ein Heim.
Hanna, ich singe mit dir.

Er hat mir Bewegung gegeben,
Atem, ein Herz.
Hanna, ich singe mit dir.

Er hat mir Verstand gegeben,
Sprache, den Kopf.
Hanna, ich singe mit dir.

Er hat mir Wachstum geschenkt,
Wissen und Glauben.
Hanna, ich singe mit dir.

Er hat mir einen Beruf geschenkt,
Arbeit und Familie.
Hanna, ich singe mit dir.

Ich singe mit dir
das Lied meines Lebens
auf den Gott meines Weges.

Mein Herz ist voll Freude
über den Herrn.
Hanna, ich singe mit dir.

(Marie-Luise Langwald)

Meditative Musik

Vierte Prophetin: Abigail

Biblische Lesung: 1 Sam 25,34–42

Abigail – Prophetin für David

»›Abigail‹ – ein eigenartiger Name für eine Frau. Er bedeutet ›Vater der Freude‹. Was sich die Eltern dabei gedacht haben, wissen wir nicht.

Abigail lebte im 11. vorchristlichen Jahrhundert. Der Name ihres Ehemannes war ›Nabal‹, das heißt Dummkopf. Dem entsprachen seine Handlungen. Sein Geiz und seine Sehnsucht nach Anerkennung waren groß, sein Verstand klein. Abigail aber war eine kluge Frau.

Als David, der damals noch als Kämpfer umherzog, für seine Truppe um Verpflegung bitten läßt, verweigert Nabal jede Hilfe; er hat nur sein eigenes Festgelage zur Schafschur im Sinn. Anders Abigail. Sie begreift, daß sie Blutvergießen vermeiden kann, wenn sie David und seinen Leuten Essen bringt. Sie tut es selbständig und reichlich, ohne ihren Mann zu orientieren. Sie ›weiß‹, daß David für das ganze Volk wichtig sein wird, und redet ihn schon jetzt darauf an.

Das Ende der Geschichte: Nabal bekommt einen Herzschlag, als er davon erfährt. Und Abigail? Sie wird später mit König David verheiratet – vielleicht weil die Erzähler eine so tatkräftige alleinstehende Frau nicht anders unterzubringen wußten …?

Abigails Geschichte steht im 1. Buch Samuel, Kap. 25.«

(Miriam Brassloff)

Stille

Gegenwind

Der Wind bläst mir ins Gesicht.
Gegenwind.

Ich schrecke zurück.
Unsicher ist mein Stand.

Gegenwind.
Dein Geist kommt mir entgegen.

Ich bleibe aufrecht
und stehe.

(Marie-Luise Langwald)

Lied: »Nun singt ein neues Lied dem Herren« (GL 262)

Fünfte Prophetin: Ester

Biblische Lesung: Est 4,17k ff

Ester rettet ihr Volk

»Ihre Geschichte wird jedes Jahr an einem besonderen Festtag in den Gottesdiensten gelesen – nicht aus einem gedruckten Buch, sondern aus einer von Hand auf Pergament geschriebenen Rolle:

Ester, eine Waise, die im fremden Land ihrer Schönheit wegen in den Königshof kommt, sich dort mit Kämmen und Baden langweilt, wird plötzlich mit der Aufgabe konfrontiert, ihr Volk vor einem vernichtenden Anschlag zu retten. Sie zögert. Sich in Staatsangelegenheiten einzumischen, ist nicht ungefährlich für sie. Und überhaupt hat sie keine Erfahrung mit Männerangelegenheiten. Ester fastet und betet und bittet ihre Glaubensgenossen, es auch zu tun. In dieser Bedrohung brauchen sie Gottes Hilfe – auch wenn das Wort ›Gott‹ in der Geschichte nicht vorkommt.

Ester ist eine Frau, die zaghaft vorgeht. Sie benutzt keine weiblichen Tricks. Sie weiß aber, daß dem König viel an guten Mahlzeiten liegt und wählt deshalb die Zeit nach Tisch, um ihr Anliegen vorzutragen. Sie bekommt die Hilfe, die sie braucht.

Die Männer, die Esters Geschichte aufgeschrieben haben, hielten es für nötig, die ganze Familie des Widersachers Hamann auszurotten. Das ist eigentlich nicht mehr Esters Geschichte; ihr Onkel Mordechai hat ihre Aufgaben übernommen.

Manchmal ist es eine Frau, die ›weiß‹, was in Staatsangelegenheiten zu tun ist, zum Beispiel eine Frau wie Ester.«

(Miriam Brassloff)

Stille

Frauen verschönern die Welt

Sechs Monate Myrrhenöl
und sechs Monate Balsam
sind nicht alles,
was Frauen interessiert.

Frauen wollen
mit aller Kraft
Heil
und Wohl der Menschen.

Frauen investieren
mit aller Liebe
für Veränderung
und Wandlung der Verhältnisse.

Frauen beten
mit ganzem Herzen
für Leben
und Frieden der Welt.

Frauen handeln
wie Ester.

Frauen pflegen sich
und verschönern die Welt.

(Marie-Luise Langwald)

Meditationsmusik

Sechste Prophetin: Debora

Biblische Lesung: Ri 4,4–22

Debora, die Feurige

»Die Prophetin Debora war Richterin. Ihr Platz war unter der Palme, wo sie auf die Menschen wartete, deren Streitigkeiten sie schlichtete. Damit hatte sie eine Aufgabe, die Rechtswissen voraussetzt und Menschenkenntnis erfordert. Richterin zu sein, war aber keineswegs ihr einziger Beruf.

In der Bibel (Ri 4,4) wird Debora ›Frau des Lapidot‹ genannt. Aus dem Hebräischen übersetzt heißt ›Lapidot‹ aber auch: die Feurige, eine Frau, die Feuer ermöglicht. Dann wäre ›Lapidot‹ nicht der Name ihres Ehemannes, sondern ihr Beruf: sie hat Kerzen gezogen, während sie auf die Leute wartete, die bei ihr Rat und Recht suchten.

Debora war auch Armeeführerin. Es wird berichtet, daß sie den Heerführer Barak zu sich kommen läßt, um ihn in den unausweichlichen Kampf zu schicken. Barak muß ihr Ehemann gewesen sein, meinen unsere Gelehrten, denn wer sonst wäre ihrem Anruf gefolgt? Nur ihr Ehemann könne bereit gewesen sein, sich ihrem Kommando zu unterwerfen und den Ruhm des Sieges einer Frau zu überlassen.

Debora vermittelt Gottvertrauen und moralische Kraft für den anstehenden Kampf. Sie ›weiß‹: Gott wird helfen, es wird gut gehen. – Aber es war nicht Debora, sondern die Keniterin Jaël, die den Feind tötete. Debora und Jaël gehören zusammen.

Die Geschichte der Prophetin Debora wäre unvollständig ohne Jaël.

Jaël ist keine Prophetin. Sie ist auch keine Israelitin. Sie gehört dem befreundeten Stamm der Keniter an und weiß um den Kampf der Nachbarvölker.

Leider vermitteln die Übersetzungen ein ganz falsches Bild dieser Frau (Ri 4,17–22). Sisera, der Feldherr der feindlichen Kanaaniter, kommt auf der Flucht in Jaëls Zelt, möchte sich verstecken und ausruhen. Der deutsche Text läßt Jaël sagen: ›Komm herein!‹ In meiner englischen Übersetzung heißt es: ›Step aside!‹ Im hebräischen Text steht: ›Sirah‹, das heißt ›Geh weg!‹ und wird heute noch als ›Scher dich weg!‹ benutzt.

Jaël *kann* Sisera nicht in ihr Zelt eingeladen haben. Es wäre eine Einladung zum Ehebruch gewesen, eine Schande für ihren Mann Heber. Dazu gab es keine Veranlassung. Sisera kam ungebeten, war eine Bedrohung für Jaël. Wäre er ihr Gast gewesen, hätte sie ihm die Füße gewaschen und Wasser zu trinken gegeben. Sie tat beides nicht. Vielmehr behandelte sie Sisera wie ein Kind. Sie legte ihm eine Decke über und erst auf seine Bitte gab sie ihm Milch – statt Wasser. Als Sisera eingeschlafen war, tötete sie ihn.

Debora hatte nicht von sich, sondern von Jaël gesprochen, als sie zu Barak sagte, der Ruhm des Sieges werde einer Frau gehören. Sie hatte es ›prophezeit‹.«

(Miriam Brassloff)

Stille

Unter der Palme

Mutter in Israel
wirst du genannt,
Debora.
Menschen kommen zu dir
mit ihren Sorgen.
Du bist da und hörst.

Richterin
bist du,
Debora.
Menschen kommen zu dir
mit ihrem Streit.
Du bist da und entscheidest.

Prophetin
heißt du,
Debora.

Menschen kommen zu dir,
mit ihrer Geschichte.
Du bist da und deutest.

Bei dir möchte ich
unter der Palme sitzen,
um zu hören
und zu lernen.

Mit dir möchte ich
unter der Palme sitzen,
um zu reden
und zu raten.

Wie du möchte ich
unter der Palme sitzen
als mütterliche,
richtende
und auf-richtende
Frau.

(Marie-Luise Langwald)

Lied und Tanz: »Herr, die dich lieben – Der Lobgesang der Debora« (s. S. 45)

Siebte Prophetin: Hulda

Biblische Lesung: 2 Kön 22,3–20

Eine Frau, die Bescheid wußte

Von den Prophetinnen der Hebräischen Bibel erfahren wir wenig und müssen auf das wenige erst aufmerksam gemacht werden. Zum

Beispiel darauf, daß die Prophetin Hulda, die im 7. vorchristlichen Jahrhundert lebte, in Jerusalem die Lehre unterrichtete und den König Joschija beriet. Sie war eine Frau, die »Bescheid wußte«.

Stille

Hulda

Mit Gottes Worten
sprichst du das Urteil,
das das Volk verdient.

Mit Gottes Augen
siehst du die Tränen,
die ein König weint.

In Gottes Namen
verheißt du den Aufschub,
der für die Strafe bleibt.

Götzendienst benennen,
Verantwortliche weinen sehen,
Strafaufschub verheißen.
In Gottes Namen.

Hulda,
wo bist du?

(Marie-Luise Langwald)

Meditationsmusik

Jüdisches Gebet

Du bist der Ewige,
unser Gott, im Himmel und auf Erden,
in Wahrheit, du bist der
Erste und der Letzte
und außer dir ist kein Gott.

Sammle, die auf dich hoffen,
von den vier Enden der Erde,
daß du allein Gott bist über alle Reiche der Erde.
Unser Vater im Himmel, erweise uns Gnade
um deines großen Namens willen,
der über uns genannt wird,
und erfülle uns, Ewiger, unser Gott,
was du verheißen hast.

Abschied

Wir reichen einander die Hände und sprechen uns gegenseitig Mut und Hoffnung zu durch das Lied:

»Schwestern, daß der Mandelzweig wieder blüht und treibt, ist das nicht ein Fingerzeig, daß die Liebe bleibt« (kfd-Liederbuch, Nr. 83)

Anneliese Knippenkötter

Es ist möglich, Einzelteile aus dieser Wortgottesfeier herauszunehmen, um damit mehrere Gottesdienste zu gestalten. Anfang und Schluß dieser Feier bilden dann jeweils den Rahmen der Gottesdienste.

Hanna – eine Prophetin tritt aus dem Schatten

ÖKUMENISCHER FRAUENGOTTESDIENST

Seit Jahren finden in der Friedenskirche in Lörrach einige Male im Jahr Ökumenische Frauengottesdienste statt, die von einem Team vorbereitet und gestaltet werden. Die Teammitglieder sagen: »Wir, eine Gruppe von evangelischen und katholischen Frauen, sind auf der Suche nach liturgischen Räumen, die eine lebendige Spiritualität ermöglichen. Wir sehnen uns nach religiösen Ausdrucksformen, in denen unsere eigenen Lebenserfahrungen ihren Platz haben. Daher wollen wir in loser Folge Gottesdienste ganzheitlich und sinnlich erfahrbar gestalten, mit frauengerechter Sprache, Poesie, Musik, Bewegung, Tanz, Meditation …«

Begrüßung und Vorstellung

Kurze Hinführung zum Thema

Viele Frauen des Neuen Testaments kennen wir nicht. Wir wissen ihre Namen nicht, weil Männer sie nicht aufgeschrieben haben. Die Frau, die Jesus salbte, wurde sogar vergessen, obwohl Jesus von ihr sagte: »Überall auf der Welt, wo das Evangelium verkündet wird, wird man sich an sie erinnern und erzählen, was sie getan hat« (Mk 14,9). Anderen Frauen wurde der Name geändert, so daß in der Tradition aus Junia, der Frau, Junias, der Mann, wurde.

Frauen wie Hanna wurden ganz einfach übersehen, sie standen im Schatten eines Mannes. Simeon wurden über Jahrhunderte hinweg Kunstwerke in Malerei und Musik gewidmet. Das Bild von Hanna dagegen erschien nur schwach in unserer Vorstellung, schattenhaft und unklar. Wir wollen heute das Licht von Simeon weg zu Hanna hinübertragen. Wir wollen sie mit unserer Aufmerksamkeit erhellen und in ihr eine Schwester im Glauben kennenlernen.

In diesem Gottesdienst wollen wir zurückschauen, wir wollen uns anschauen und vorausschauen.

Lied

»Wechselnde Pfade« (in: FrauenGottesDienste 3, S. 72)

TEIL 1: AUF DER SUCHE NACH HANNA

Ansprache an Hanna

1. Sprecherin: Hanna, wer bist du? Deine Namensschwester im Alten Testament ist mir bekannt. Hat dieser Name und diese Frau für dich Bedeutung? Dein Leben, ist es bestimmt durch den Glauben deines Volkes und die Tradition?

2. Sprecherin: Hanna, du bist für mich wie eine Kraftquelle, denn du hast deinen Weg gefunden und bist ihn sicher gegangen. Du hast Weisheit und Stärke, denn du ruhst fest in deinem Glauben. Du bist voll Empfindsamkeit, denn du fühlst und spürst die Zukunft in diesem Kind. Du bist voller Begeisterung, erfüllt von der Geistkraft Gottes.

3. Sprecherin: Hanna, du bist für mich ein Vorbild. Du bist eine Frau, die ihrer Stimme mehr gehorchte als der Stimme der Tradition, eine Frau, die ihren Weg trotz aller Widerstände auf das Ziel verfolgt hat.

4. Sprecherin: Hanna, du bist für mich wie eine Jericho-Rose, die lange warten kann, bis die Quelle erscheint, um dann zu grünen und zu blühen! Hanna, du bist für mich wie die Taube auf der Arche Noah, die lange warten konnte, ohne die Hoffnung aufzugeben, um dann die frohe Botschaft zu verkünden. Hanna, du bist für mich wie jede weise Frau, die anschauen kann, die ihre innere Kraft wahrnehmen kann und die spürt, wie sie Gutes in der Welt bewirken kann.

Lesung

Lk 2,25–30 (1. Sprecherin)
Lk 2,36–38 (2. Sprecherin)

Dabei wandert eine große Kerze von einer zur anderen, diese Kerze bildet dann die Mitte.

Vermutungen über Hanna/Hanna – ihr Leben

Es sind nur wenige Zeilen, die in der Bibel von Hanna berichten. Diese sind aber voll von Informationen über ihre Biographie.

Hanna wurde als Tochter von Pennel geboren und war damit Nachfahrin eines der 19 Stämme Israels. Sie kam sozusagen aus gutem Hause. Als junge Frau heiratete sie einen Mann, dessen Name nicht genannt wird. – Bis hierhin also nichts Ungewöhnliches. Nach sieben Jahren Ehe starb ihr Ehemann. Lapidar steht das im Text, aber für mich drängen sich da – mindestens – zwei Fragen auf:

Zum einen wird nichts von Kindern berichtet, die aus der Ehe hervorgingen. War da vielleicht noch ein Kind oder mehrere Kinder zu versorgen? Ich denke nein, denn ich vermute, daß es sonst im Text genannt wäre und ihr Leben eine andere Wendung genommen hätte – aber dies bleibt bloße Vermutung.

Zum anderen drängt sich die Frage auf, wie sie als Witwe zurecht kam und dies in einer Gesellschaft, in der es sicher schwer war, alleinstehend zu sein. Was wäre der traditionelle Weg gewesen? Üblicherweise wurde von Witwen erwartet, daß sie bald wieder heiraten. Nur so war gewährleistet, daß sie materiell versorgt wurden und auch weiterhin sozial eingebunden blieben.

Hanna entschied sich aber nicht für den traditionellen Weg. »Sie wich nicht vom Tempel und diente in Fasten und Beten Tag und Nacht«, so steht es im Bibeltext.

Mehrere Jahre war sie wohl etwas ähnliches wie eine Nonne oder Diakonisse. Ihre Hauptbeschäftigung war es, Gott zu dienen. Im Bibeltext wird sie gleich zu Beginn als Prophetin vorgestellt, d. h.

sie hatte die bestimmte Gabe, auf das zu hören, was Gott ihr mitteilt, und dies an andere Menschen weiterzugeben.

Der Höhepunkt und Schlußpunkt unserer Biographie-Kenntnis ist die Begegnung mit dem neugeborenen Jesus. Sofort erkennt sie das Besondere an dem Täufling, benennt es und verkündet es allen anderen Menschen im Tempel. Leider erfahren wir nicht die Worte, mit denen sie zu den Menschen gesprochen hat.

Wie ihr Leben weiterging, erfahren wir ebenfalls nicht aus dem Text. Den wichtigsten Tag in ihrem Leben – die Zusammenkunft mit Jesus und ihre Verkündigung – durften wir aber miterleben. Ich möchte nochmals auf Simeon zurückkommen und rückblickend beide Geschichten betrachten. Da zeigt sich mir ein sehr schönes Bild: Nahezu gleichzeitig erkennen Hanna und Simeon die Bedeutung des Neugeborenen und verkünden dies den Menschen. Sie wirken ihrem Auftrag gemäß als Prophetin und Prophet.

Was sagt uns der Text?

Ein paar Aspekte möchte ich genauer betrachten. Hanna war sieben Jahre verheiratet, eine Witwe, an die 84 Jahre alt.

Jahreszahlen in der Bibel entsprechen meist nicht unserer Zeitrechnung. Zahlen in der Bibel haben symbolische Bedeutung. Die 7 und die 12 stehen für Fülle, Vollsein.

Hannas Leben, 7 + 7 x 12, war voll – voll Liebe, voll Verzicht, voll Dienst für Gott und die Menschen, voll Beten. Ihr Leben – voll – abgeschlossen – eigentlich. Doch – ein neuer Lebensabschnitt – »Auch sie kam hinzu.« »Sie sprach über das Kind zu allen, die auf Rettung warteten.« Hanna sieht die Hoffnung in einem Kind, nicht in Größe, Stärke, Macht, sondern im Kleinen, das Liebe, Zuwendung, Fürsorge braucht. Hanna spricht von der Hoffnung im Kind – in jedem Kind, denke ich. Denn Rettung geschah und geschieht nicht durch Machthaber, sondern dann, wenn wir das Kind sehen, das uns unsere Zukunft, unser und sein Leben vor Augen hält und uns als Verantwortliche braucht. Hanna spricht von der Hoffnung im Kind, und ich sehe mit ihr Hoffnung in Kindern, die uns bereitmachen für Veränderungen, mit denen wir neu das Leben entdecken können.

Lied

»Wechselnde Pfade«

TEIL 2: PROPHETIE – ERFÜLLT VON DER GEISTIN

Nachdenken über Hanna

Ich habe mir die Frage gestellt, was Prophetie bedeutet. Die Bibel erzählt von vielen Prophetinnen und Propheten. Hanna steht in der Tradition von Prophetinnen wie Mirjam, Hulda und Debora. Aber Hanna erkennt auch, daß sie an der Schwelle zu einer neuen Zeit steht. Sie predigt in die Zukunft. Sie spricht über das Kind zu allen, die auf die Erlösung warten. Hanna hat eine Vision mit diesem unscheinbaren, niedrigen, schwachen Kind.

Die Fragen für mich heißen jetzt: Was ist den Prophetinnen und Propheten des Alten Testamentes gemeinsam? Wie wird prophetische Rede im Neuen Testament verstanden?

Prophetinnen und Propheten beurteilen die Gegenwart, schauen aber auch in die Zukunft. Sie verkünden das Heil. Prophetische Rede ist charismatische Rede, sie drückt gleichzeitig das Leiden an der gegenwärtigen Not aus und die Erfahrung der Nähe Gottes. Einer der ältesten Texte des Alten Testamentes, das Lied der Mirjam, spricht aus der Erfahrung der Rettung und preist den Umsturz aller ungerechten Verhältnisse. (Mirjam bekennt Jahwe als den »Gott mit uns«.)

Frauen der Bibel singen in ihren Lobliedern vom Sturz der Mächtigen, der Herrschenden und der Ausbeutenden – auch im Neuen Testament, wie Maria in ihrem Magnifikat. Prophetinnen preisen den Beginn der Gottesherrschaft von Barmherzigkeit, Gerechtigkeit und Friede. Der Friede kommt mit dem Kind in die Welt, und der

Glaube daran schenkt Kraft, sich nicht mit der tatsächlich erlebten Welt abzufinden, sondern alles zu tun, um die Nähe Gottes zu spüren.

Paulus geht ganz selbstverständlich im 1. Korintherbrief davon aus, daß Frauen in der Gemeinde prophetisch reden. 1 Kor 14 bestätigt, daß alle Gemeindemitglieder mit prophetischem Charisma ausgestattet sind. Paulus versteht unter prophetischer Rede eine Form der Verkündigung, die Trost und Ermutigung spendet. Er sieht in dieser Fähigkeit, Menschen zu stärken, eine Gabe des Geistes.

Auch ich spüre bei Prophetinnen und Propheten eine besondere Nähe zu Gott. Sie sind erfüllt von der Schöpfungskraft des Geistes, von der Geistkraft Gottes, von der ruach, wie es im Hebräischen heißt.

Gebet

Psalm 146 (GL 759)

Lied

»Du, meine Seele, singe« (s. S. 70)

TEIL 3: WIR SIND ZU PROPHETINNEN BERUFEN

1. Sprecherin: Wir sind von alters her berufen, Prophetinnen zu sein. Wir lesen in Joël 3,1:

»Danach werde ich ausgießen meinen Geist über alles Fleisch, und es werden weissagen eure Söhne und eure Töchter, eure Ältesten werden Träume haben und eure Jüngsten Gesichter schauen.«

Wechselgespräch

2. Sprecherin: Was, ich Prophetin? – Nein, unmöglich, ich bin viel zu ängstlich und angepaßt.

3. Sprecherin: Doch …

4. Sprecherin: Was, ich Prophetin? – Nein! Dazu fehlt mir diese … Glaubensgewißheit. Ich habe so viele Fragen, und ich bin nicht sicher, ob meine Antworten, meine Träume identisch sind mit Gottes Willen.

2. Sprecherin: Aber doch! Ich bin Prophetin. Ich erziehe meine und andere Kinder im Glauben, auch wenn manche darüber nur die Schulter zucken oder sich lustig darüber machen, weil es nichts einbringt.

3. Sprecherin: Was ich …

4. Sprecherin: Doch, ich bin Prophetin – wenn ich »unterwegs bin für das Leben« mit anderen Frauen und wir Verantwortlichen in Politik und Wirtschaft unsere Besorgnis, unsere Erfahrungen mitteilen über die Zerstörung unserer Lebensgrundlagen durch industriellen Raubbau, über die Militarisierung der Politik, über toleriertes Unrecht und Ungerechtigkeit.

Lied

»Die Quelle in uns darf singen« (kfd-Liederbuch, Nr. 49)

Gebet

Gott, du sendest auch heute Frauen als Prophetinnen. Du kennst unsere Einwände, unsere Angst, unsere Unsicherheit.

Wir fühlen uns überfordert, wenn wir die Geschichten der alten Prophetinnen und Propheten hören.

Wir bitten dich, Gott, hilf uns wie Hanna bewußt werden und bewußt machen, daß Rettung im Kleinen beginnt.

Hilf uns, unsere Möglichkeiten und Fähigkeiten als Prophetinnen heute zu erkennen und einzusetzen in unserem Alltag, in den Familien, in Schule, Arbeit, Kirche und Gesellschaft.

Wir bitten dich für alle Frauen (und Männer), die in der Öffentlichkeit prophetisch wirken – in Kriegsgebieten, im Welthandel, in Forschung und Technik – als Mahnende, als Umkehrende, als Betende, als Frauen (und Männer) mit Visionen von deinem Reich. Amen.

TEIL 4: LICHTERAKTION

Gedicht: Feuer bin ich

Ich bin Feuer
ich bin lebendig,
ich bin hell,
ich leuchte,
ich habe Flammen,
ich bin ganz groß und ergreife alles,
was ich erreichen kann,
ich bin eine stille Glut,
ich bin ganz bei mir,
ich kann wärmen,
ich kann zerstören,
ich bin eine Flamme, die ruhig brennt,
ich habe zuckende Flammen und springe nach oben,
meine Funken hüpfen in den dunklen Himmel,
ich glimme ganz ruhig.
Ich bin Feuer.

(Cornelia Gleißner)

Hinführung zur Lichteraktion »Feuer bist du!«

Stehen wir auf:

- Stellen wir unsere Füße so auf den Boden, daß wir spüren, wie gut wir getragen werden.
- Wer möchte, schließt die Augen.

– Nehmt einige Male tief Luft – Atem des Lebens. Ruach, uns von Gott geschenkt.
– Spür, wie Gott dir Raum schenkt – Raum, die/der zu sein, die/der du bist.
– Jede und jeder von uns ist ganz einmalig von Gott geschaffen worden.
– In jeder und jedem von uns liegen viele Keime bereit, Möglichkeiten das zu tun und das zu werden, was nur wir selbst können …
– Geben wir uns selbst Luft … Zeit! Alles kann nicht auf einmal sprießen! Alles hat seine Stunde. Für jedes Geschehen unter dem Himmel gibt es eine bestimmte Zeit: eine Zeit zum Weinen, eine Zeit für die Klage und eine Zeit für den Tanz.
– Schaut in euch hinein, spürt nach, wo ein Feuerchen bereits flackert. Gib ihm Zeit, aber nehmt es wahr! Auch du bist Feuer, bist Quelle des Lichts, der Wärme und der feurigen Kraft! Schenken wir einander den Glauben und die Hoffnung daran!
– Wenn ihr eure Augen geschlossen habt, dann öffnet sie wieder. Nehmt Menschen um euch herum wahr, Schwestern und Brüder, jede und jeden auf dem eigenen Weg. Schenken wir einander ein Feuerchen mit den Worten: »Feuer bist du!«

Lied

»Erleuchte und bewege uns« (s. S. 71)

Aussendung

Lebt bei Gott!
Lebt durch Schwestern
und Brüder
nehmt eure Betten
und wandelt

ja, lauft, ja, fliegt,
ja, schaut hinunter
und zurück

ihr werdet euch nicht
in Salzsäulen verwandeln

das war eine Lüge

ihr werdet die Welt sehen
ihr werdet die Menschheit erkennen
ihr werdet euch an euch selbst
als Prophetinnen und Propheten erinnern

und ihr werdet zornig sein,
und ihr werdet zärtlich sein
und ihr werdet berühren
und es wird euch wohl ergehen

(Carter Heyward)

Segen

Alle: Der lebendige Geist Gottes umhauche dich

2. Sprecherin: wärme dich

3. Sprecherin: wecke die Kraft, die in dir schläft.

4. Sprecherin: Blüh, meine Schwester, entfalte dich und grüne!

1. Sprecherin: Dazu segne dich Gott.

(Ursula Stoll)

Vorbereitungsteam: Elisabeth Blum/Nicole Büser/
Irmgard Frank/Claudia May

»Eure Töchter werden Prophetinnen sein … und eure Alten werden Träume haben« (vgl. Apg 2,17)

EUCHARISTIEFEIER

Grundgedanken

Menschen reden und handeln prophetisch nicht aufgrund eigenen Antriebs, sondern weil sie von der ruach Gottes, der Heiligen Geistkraft, dazu angestiftet werden. Das bedeutet im Umkehrschluß: Der jüdisch-christliche Glaube an Gott beinhaltet, daß *Gott selbst* Menschen erwählt, die sich *dann* dem Auftrag zur Verkündigung stellen.

Verkündigung meint in diesem Fall: Wie sieht die Welt beziehungsweise die jetzige Situation aus, wenn wir sie mit den Augen Gottes sehen, also: Was ist jetzt, hier und heute der Wille Gottes für uns? Damit wird die ganz unbiblische, aber heute durchgängig vorhandene Vorstellung korrigiert, daß Prophetie gleichbedeutend sei mit »Vorhersage«. Verständlich ist diese Vorstellung deswegen, weil es oft ein Teil prophetischer Rede war, die Konsequenzen aufzuzeigen, die dem Volk Gottes bevorstehen, wenn es sich nicht auf die Verkündigung des Propheten beziehungsweise der Prophetin einläßt. Aber *angezielt* war eigentlich etwas anderes: Israel zur Umkehr zu bewegen oder zum »Durchhalten« in schwieriger Zeit, also die bestehende Situation mit den Augen Gottes zu sehen.

Die Spannung zwischen *amtlich* mit der Verkündigung Beauftragten und solchen, die sich unmittelbar von Gott berufen verstehen, hat es bereits in den Zeiten des Ersten Testaments gegeben (vgl. Amos oder Jeremia).

Sind wir heute in der Lage, prophetisches Reden zu hören, uns darauf einzulassen? Und zwar prophetisches Reden gerade von denjenigen, die uns nicht als erste einfallen?

Lied zu Beginn

»Sonne der Gerechtigkeit« (GL 644,1–2)

Kyrieruf

Herr Jesus Christus, du sorgst dich um die Menschen aller Zeiten und rufst sie durch deine Botinnen und Boten.
Herr, erbarme dich.

Du bist Gottes endgültiges Wort an uns – ein Wort der Liebe und der Menschenfreundlichkeit.
Christus, erbarme dich.

Du schenkst uns auch heute Menschen, die uns herausrufen aus unserer Gewohnheit und aufbrechen lassen zu einem Leben in Gerechtigkeit.
Herr, erbarme dich.

1. Lesung

Joël 3,1–3 Die Ausgießung des Geistes

Zwischengesang

»Sende aus deinen Geist« (GL 253)

2. Lesung

Apg 2,16–18 Die Pfingstpredigt des Petrus

Evangelium

Mk 1,9–11 Die Taufe Jesu

Gedanken zu den Bibeltexten

Prophetisches Reden und Handeln ist weder geschlechtsgebunden noch altersgebunden. Bereits im Ersten und im Zweiten Testament finden wir Frauen und Männer, Junge und Alte, die (uns) etwas von Gott und seinem Willen zu sagen haben, die aber auch »Visionen« haben, Hoffnungen und Träume von einer besseren Welt. Sie sind damit nicht immer auf Gegenliebe gestoßen, sondern mußten sich häufig rechtfertigen, aus »welcher Vollmacht heraus« sie reden und handeln.

Auch Jesus selbst hat unter dieser Beweisnot gestanden. Er wußte sich vom Geist Gottes gesandt, ohne auf – menschliche – Autoritäten verweisen zu können, die ihn zur Verkündigung beauftragt hatten. Statt dessen hat er sich auf sein *Handeln* berufen, das ihn als Gottes Boten auswies.

Die prophetische Dimension bei Menschen heute zu entdecken, ist überlebensnotwendig für die Kirche insgesamt, aber auch für die Gemeinde oder die (kfd-)Gruppe vor Ort.

Vorschlag für ein Predigtgespräch

Wie können wir lernen, Prophetisches von den »Töchtern«, also den jungen Frauen, und von den »Alten« zu hören beziehungsweise uns sagen zu lassen? Welche Maßstäbe legen wir an, um etwas als prophetische Herausforderung zu hören – im Unterschied zum »Zeitgeist«?

Alternative: Es werden einige Zitate oder Sätze von bekannten oder unbekannten Personen aus den Zeitungen der letzten Tage vorgelesen, die zum Nachdenken anregen, dazwischen jeweils meditative Stille.

Zum Abschluß des Predigtgesprächs Lied:

»Die Quelle in uns darf singen« (kfd-Liederbuch, Nr. 49).

Fürbitten

Guter Gott, du hast dich uns zugewandt in allen Frauen und Männern, in Jungen und Alten, die uns aufrufen, deiner Weisung zu folgen. Wir wollen auf sie hören und sind doch immer auch unsicher, welches Wort *dein* Wort ist. Darum bitten wir:

- Schenke der Welt auch in unserer Zeit mutige Menschen, die ihre Visionen mit uns teilen und uns anstiften zur Überwindung von Ungerechtigkeit:
  Gott, du unsere Hilfe, wir bitten dich, erhöre uns.
- Schenke den Kirchen auch in unserer Zeit Frauen und Männer, die dein Wort glaubwürdig verkünden:
  Gott, du unsere Hilfe, wir bitten dich, erhöre uns.
- Schenke unserer Gemeinde (Gemeinschaft, Gruppe ...) auch in unserer Zeit Prophetinnen und Propheten, die uns zeichenhaft und konkret deutlich machen, was der Glaube an dich von uns fordert:
  Gott, du unsere Hilfe, wir bitten dich, erhöre uns.
- Schenke den Alten, Kranken, Sterbenden Beistand und Hilfe durch Menschen, die ihre Würde achten und ihnen verläßlich zur Seite stehen:
  Gott, du unsere Hilfe, wir bitten dich, erhöre uns.
- Schenke den jungen Menschen Mut und Tatkraft, ihre Hoffnungen und Träume nicht vorschnell aufzugeben, und laß sie darin Unterstützung finden durch ältere, die ihre Lebenserfahrung einbringen:
  Gott, du unsere Hilfe, wir bitten dich, erhöre uns.

Guter Gott, wir haben dir unsere Bitten vorgetragen für die menschliche Gemeinschaft und auch für uns selbst. Höre du auch das, was hier und jetzt nicht laut gesagt worden ist, was uns jedoch bewegt und wir vertrauensvoll in deine Hände legen wollen durch deinen Sohn Jesus Christus, unseren Bruder und Freund. Amen.

Lied zur Gabenbereitung

»Jetzt ist die Zeit« (kfd-Liederbuch Nr. 4, 1. und 5. Strophe)

Dankgebet nach der Kommunion

Preisungen

preise den rhythmus gebogener räume
die gestirne entwandernd ins all
preise die dunkelstürze von meeren
der mondgebirge fata morgana
preise den sonnensabbat
das kosmische fest
preise den tödlichen ernst
der heimkehrt ins göttliche spiel
preise mohammed und marx
in gesprächen dereinst an fröhlicher tafel
preise buddha und einstein
die geige im baum das abendgelächter
preise der greisinnen herzlichen mut
die kühnen revolten göttlicher hoffnung
preise die häresien der liebe
und die auferstehung vom tod
preise die nacht da der bruder aus nazareth tanzt
inmitten einer endlich herrenlosen gesellschaft

(Kurt Marti – Text leicht gekürzt)

Segen

Der Segen Gottes des Vaters und der Mutter,
der Segen Jesu Christi, unseres Bruders,
der Segen der heiligen Geistkraft, die uns verheißen ist,
sei mit uns, mit unserer Gemeinschaft,
mit Gottes guter Schöpfung! Amen.

Schlußlied

»Sonne der Gerechtigkeit« (GL 644,3–4)

Christel Voß-Goldstein

Materialien und Anregungen

Mit Prophetinnen beten

Ich, *Debora,* bete zu dir, o Gott:

Gib mir den Mut, immer neu die Initiative zu ergreifen, zu handeln, wenn es geboten ist. Gott laß mich erkennen, was der richtige Weg ist. Laß mich Vorbild sein für das Volk. Nicht in allem, doch in diesem Mut, die Zeichen der Zeit zu erkennen, die Mittel klug zu erwägen, sie zu ergreifen – zu handeln.

Nicht um des Preises willen, den der Erfolg bestimmt. Um der Gastfreundschaft willen, die wieder möglich ist, damit wir in Frieden leben können. Laß alle Frauen ihre Aufgaben erkennen und sie sich zu eigen machen ohne Zögern, wie es unsere Mütter taten, Sara, Rebekka, Lea und Rahel.

Ich preise dich, Gott, für Jaël, die uns Frauen errettet hat vor Vergewaltigung und Sklaverei, indem sie Sisera tötete, den Anführer unserer Feinde. Ich preise dich, Gott, für die Umkehr des Volkes, das wieder zu dir zurückkam und deinen Namen anbetet, denn du hast uns gerettet aus der Hand unserer Feinde. Du hast uns begleitet, deine Stämme, die Mut faßten und mit Barak auszogen im Vertrauen auf deine Macht. Dafür sei Jahwe gepriesen, der Gott Israels.

(Irene Löffler)

Und *Hanna* betete:

Mein Herz ist voll Freude über den Herrn,
große Kraft gibt mir der Herr.
Weit öffnet sich mein Mund gegen meine Feinde;
denn ich freue mich über deine Hilfe.

Niemand ist heilig, nur der Herr;
denn außer dir gibt es keinen Gott;
keiner ist ein Fels wie unser Gott.
Redet nicht immer so vermessen,
kein freches Wort komme aus eurem Mund;
und bei ihm werden die Taten geprüft.
Der Bogen der Helden wird zerbrochen,
die Wankenden aber gürten sich mit Kraft.
Die Satten verdingen sich um Brot,
doch die Hungrigen können feiern für immer.
Die Unfruchtbare bekommt sieben Kinder,
doch die Kinderreiche welkt dahin.
Der Herr macht tot und lebendig,
er führt zum Totenreich hinab und führt auch herauf.
Der Herr macht arm und macht reich,
er erniedrigt, und er erhöht.
Den Schwachen hebt er empor aus dem Staub
und erhöht den Armen, der im Schmutz liegt;
er gibt ihm einen Sitz bei den Edlen,
einen Ehrenplatz weist er ihm zu.
Ja, dem Herrn gehören die Pfeiler der Erde;
auf sie hat er den Erdkreis gegründet.
Er behütet die Schritte seiner Frommen,
doch die Frevler verstummen in der Finsternis,
denn der Mensch ist nicht stark aus eigener Kraft.
Wer gegen den Herrn streitet, wird zerbrechen,
der Höchste läßt es donnern am Himmel.
Der Herr hält Gericht bis an die Grenzen der Erde.
Seinem König gebe er Kraft
und erhöhe die Macht seiner Gesalbten.

(Dagmar Mensink)

Ein Psalm *Abigajils* in Todesangst:

Rette mich, Jahwe,
dem ganzen Haus stehe zur Seite.
Halt dich nicht fern, verbirg dich nicht, Jahwe.
Sieh doch: Die Feinde nähern sich schon,
sie wollen uns vernichten
und verschonen niemanden.
Umgürte mich mit Kraft,
steh mir bei mit deinem starken Arm.
Sei unsere Hilfe wie von Urzeiten an;
Dornbusch, Licht, Feuersäule.
Verschaffe uns Recht, errette uns, Gott,
sprich durch mich deine Weisungen zum Leben.
Ruhig kann ich werden, wenn ich an dich denke,
mich bergen in deinem Schoß.
Denn du, Jahwe, bist immer bei mir,
du schützt mich wie eine Löwin ihr Junges.
Auf dich vertraue ich,
du bist mir Rettung und Hilfe,
eine feste Burg, die niemals wankt.
Wer auf dich baut, vergeht nicht.

(Marlies Mittler-Holzem)

Und *Sara* betete:

Gott meiner Mütter, Gott meiner Väter.
Du wandelbare Gottheit,
immer gleich und immer neu.

Ich bin froh, wenn ich spüre,
daß mein Herz schlägt,
voll Sehnsucht nach der Nähe
und Liebe eines Mannes.
Ich bin aufgeregt, wenn ich spüre,

daß mein Herz auch für mich schlägt,
voll Sehnsucht, mich zu begreifen.
Dann bin ich zerrissen und ich suche nach deiner Gestalt.
Du bist der Grund, auf dem ich stehe.
Du bist mein Herzschlag,
dessen Anruf ich fürchte,
weil du meine Wege durcheinanderbringst.
Zeige dich mir!
Mein Herz will dich erkennen.
Nimm die Zerrissenheit von mir,
damit ich nicht verlorengehe.

(Claudia Nietsch-Ochs)

Und *Hanna* betete:

Gepriesen seist du, Jahwe, du Gott unser Väter und unser Mütter! Du bist an allen Orten und du lebst in allen Zeiten. Du bist gegenwärtig in diesem Haus, das du dir zu deiner Wohnstätte erwählt hast. Du bist ein treuer Gott.

Du bist nahe den Verlassenen. Du machst die Kraftlosen stark. Du richtest die Gekrümmten auf. Du beglückst die Aussätzigen mit deiner Gemeinschaft. Du schenkst den Blinden das Augenlicht. Du gehst zu denen, die niemand mag. Du entdeckst die Mutlosen in ihren Verstecken. Auch die Toten gehen deinem Gedächtnis nicht verloren.

Du liebst die Bäume, den See und die Blumen. Alles ist dir vertraut. Alles erzählt von deiner Größe. Du weißt den Sturm zu stillen. Du läßt es regnen zur rechten Zeit. Du suchst nach Verbundenheit mit deinen Geschöpfen. Niemand soll allein sein. Die Treulosen rufst du zur Umkehr. Niemandem tust du weh – auch denen nicht, die deinen Namen auslöschen wollen aus dem Gedächtnis. Du sendest uns Jesus, damit wir dich erkennen. Gepriesen seist du immer und immer.

(Dorothea Sattler)

Der Lobgesang der Debora

Herr, die dich lieben

Kanon für 2-4 Stimmen

T: nach Richter 5,31
M: Siegfried Macht

aus: Siegfried Macht, Daß Frieden werde. Kleine Lieder zu großen Themen. München: Don Bosco Verlag 1984.

Sonnentanz (in Anlehnung an B. Wosien)

Aufstellung im Kreis (in großen Gruppen auch als Kanon in zwei bis vier konzentrischen Kreisen mit etwa vier Schritten Abstand zueinander). Blick zur Mitte, Hände beider Nachbarinnen locker herabhängend gefaßt, Schrittempo ist durchgehend die halbe Note.

Ein Melodiedurchgang umfaßt zwei Tanzdurchgänge zu je 10 Schritten.

Schritt 1 – 3: rückwärts (rechts – links – rechts)
4 + 5: links vorwiegen, rechts zurückwiegen
6 – 8: vorwärts (links – rechts – links)
9 +10: rechts seitwärts, links ranstellen
von vorn

Zur Symbolik

Die Schrittfolge zeichnet das Bild einer Sonne: Die Schritte 1–8 deuten die »Strahlen« an, Schritt 9 und 10 wandern nach und nach über die Kreisbahn des »Sonnenrunds«:

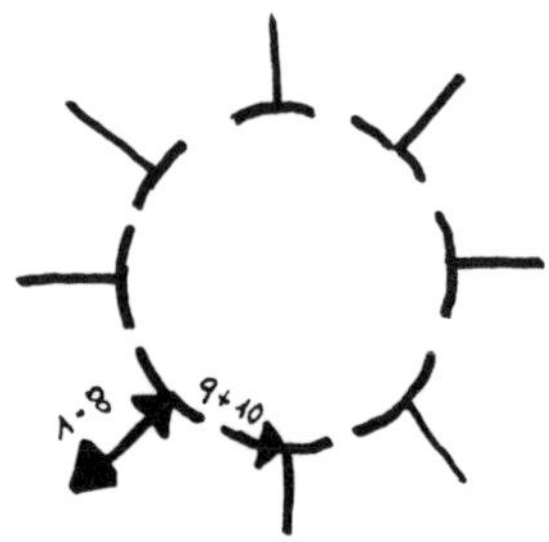

Der Liedtext zitiert das Buch Richter 5,31 und bringt damit ein Bild von der »Gesetzesfreude« des Judentums: Gott lieben, das heißt Freude an seinem Gesetz haben, dessen Rechte »köstlicher sind als Gold und süßer als Honig« (Psalm 19,10–11).

Der Gott der zehn Gebote, besser übertragen mit der »zehn Worte«, ist der Gott, der aus der Knechtschaft Ägyptens geführt hat. Die Art der Einbindung des Dekalogs in den Zusammenhang der fünf Bücher Mose macht deutlich, daß diese Worte dienen sollen, die Freiheit nicht wieder zu verspielen, zu welcher Gott selbst befreit hat. Es sind eben gerade keine knechtenden Verbote, sondern die persönlich zugesprochenen Worte des mitziehenden Gottes. Wer sie hält, dem ist die Ausstrahlung der Sonne verheißen, nicht die Düsterheit eines von Versagungsdruck zerfressenen Moralapostels.

Sich solcher Grundzüge jüdischen Glaubens immer wieder zu vergewissern, ist nötig, um zu verstehen, daß Jesus sich nicht gekommen weiß, das Gesetz des Mose für nichtig zu erklären, sondern es zu erfüllen (vgl. Mt 5,17). Mit einer gewissen Radikalität, aber eben auch in dialektischer Doppelsinnigkeit ist Mose in Christus »aufgehoben«. Worte jüdischer Weisheit wie: »Öfter als wir den Feiertag gehalten haben, hat der Feiertag uns gehalten«, stehen für eine Verbindungslinie bis zur christlichen Rechtfertigungslehre. Das Bild vom leuchtenden Gerechten als Widerschein der Liebe Gottes taucht insofern im Alten (vgl. Sprüche 4,18) wie im Neuen Testament (Mt 13,43) wiederholt auf.

Kanon und Tanz korrespondieren dem nicht nur wie oben bereits angesprochen in der Figuren-, sondern auch in der Zahlensymbolik:

- Innerhalb der musikalisch ungewöhnlichen Länge von insgesamt 10 Takten umschließen die Kanonzeilen nicht wie gewöhnlich je ein oder zwei ganze, sondern zweieinhalb Takte, beinhalten also 10 Viertelschläge: Der Rückbezug zu den 10 Geboten ist »greifbar«, bzw . »begeh-bar«: Es sind Worte, nicht nur für den Kopf, sondern für den »Umgang« (mit Gott, den anderen und damit letztendlich auch mit sich selbst)!
- Die Melodie des Kanons bindet zwei gleiche Texthälften aneinander, vergleichbar den beiden zum salomonischen Siegel, dem Davidsstern (als Zeichen der Zusammengehörigkeit von Gott und Mensch), ineinander geschobenen Dreiecken.
- Die Gesamtzahl der Viertelschläge beträgt vierzig, die sakrale Vollzahl, Zahl des Wartens und der Vollendung. Im biblischen Wortlaut folgt ein eindrückliches Beispiel direkt dem hier vertonten Segment: »... die ihn aber liebhaben, werden sein wie die Sonne, wenn sie aufgeht in ihrer Macht! Und das Land war still vierzig Jahre.« Das Strahlen in der Liebe Gottes ist also nicht nur ein inneres Strahlen, nicht nur ein Charisma, mit dem der engere Bekanntenkreis erfreut wird. Im »Schalom« Gottes ruhen innerer wie äußerer Friede, gehören private und gesellschaftliche Dimensionen zusammen.

Siegfried Macht

Singet Ihm – Mirjamlied

Singet Ihm

Das Mirjamlied
Kanon für 2 Stimmen

T u. M: Siegfried Macht

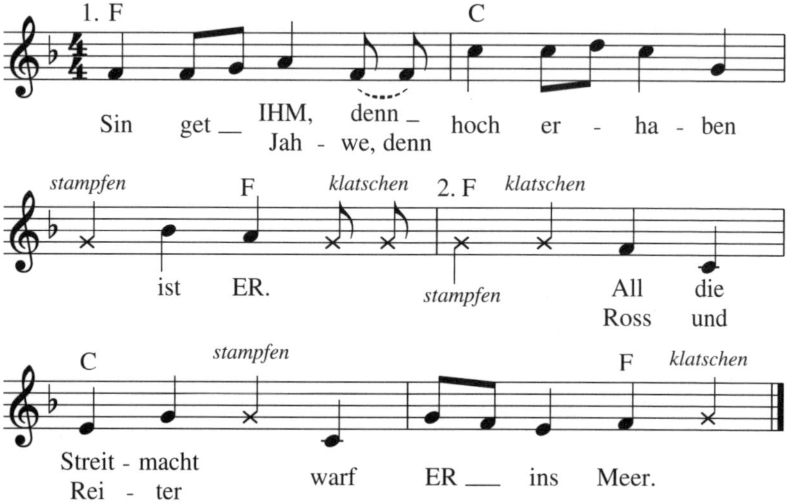

Tanzbeschreibung

Je nach Räumlichkeit Aufstellung entweder im Halbkreis (rechte Seite zur Mitte) zum Tanz im Uhrzeigersinn über die Kreisbahn oder hintereinander über einen Gang bzw. der frei führenden Vortänzerin folgend:

Takt	Zeit	Bewegung
1		Wechselschritt links vorwärts (li – re – li)
2		Wechselschritt rechts vorwärts (re – li – re)
3	1	klatschen
	2	kleiner Stampfschritt links vorwärts
	3	kleiner Stampfschritt rechts vorwärts
	4, 4+	zweimal klatschen

4	1	links vorwärts
	2	klatschen
	3	Wechselschritt rechts vorwärts (re –
	4	li –
5	1	re)
	3	links vorwärts auf Zehenspitze stellen und dabei klatschen
	4	ganze Drehung auf linker Zehenspitze (mit rechts abstoßen)
6	1–3	Wechselschritt rechts (re – li – re)
	4	klatschen

Zum biblischen Text

Das Tanzlied der Prophetin Mirjam (in späterer Überlieferung auch Schwester des Mose genannt) ist vielleicht der älteste biblische Mosaikstein überhaupt. Nicht Jubel über den Tod feindlicher Menschen steht im Vordergrund, sondern das Versagen des Kriegsmaterials wird gefeiert, das Versinken der Rüstung ..., daß auch das ägyptische Volk leiden mußte, ist noch heute Mitgrund für das Fasten der Juden am Vorabend der Erinnerungsfeier.

Siegfried Macht

Hildegard – Prophetin für unsere Zeit?

PREDIGT

In der Fastenzeit 1998 fanden im Kölner Dom Vespergottesdienste statt, in denen Frauen über Hildegard von Bingen predigten: »Frauen-Wort im Kölner Dom«.

Die Dokumentation der Gottesdienste kann angefordert werden bei: kfd-Diözesanverband Köln, Marzellenstr. 32, 50668 Köln.

Eine der Predigerinnen war Prof. Dr. Marie-Theres Wacker, Professorin für Altes Testament und theologische Frauenforschung am Seminar für feministische Theologie der kath.-theol. Fakultät der Universität Münster, deren Ansprache hier abgedruckt ist.

»Prophetissa teutonica« – »deutsche Prophetin« – so lautet eine der bekanntesten Bezeichnungen für Hildegard von Bingen. Was aber ist darunter zu verstehen, wenn Hildegard prophetissa, Prophetin genannt wird?

Fünfzig Jahre nach ihrem Tod entstand eine Schrift, die den Titel trägt »Pentachron oder Spiegel zukünftiger Zeiten«. Darin hat Gebeno, der Prior des Klosters Eberbach, aus den Werken der Äbtissin all das zusammengestellt, was sich als Ausblick auf kommende Zeiten verstehen ließ. Für Gebeno und viele seiner Zeitgenossen war Hildegard also eine Frau, die in die Zukunft geschaut hatte und deren Worte man deshalb als Weissagungen verstehen mußte; Hildegard die Prophetin war für sie Hildegard die Weissagende. Dabei hatte man nicht einmal so sehr die Teile ihrer Schriften im Blick, die vom endzeitlichen Gericht Gottes und von der Vollendung der Welt sprachen, also die wirklichen zukunftsgerichteten Ausblicke Hildegards. Sondern man glaubte, auch vieles andere aus ihren Worten als geheimnisvollen Vorausweis auf Zukünftiges deuten zu müssen. Zum Beispiel hatte Hildegard in ihrer Kölner Predigt von einem irrenden Volk gesprochen, »das in einem schwarzen Gewand mit Kapuze einhergeht, schlicht tonsuriert ist und sich den Menschen gegenüber freundlich und friedlich zeigt«. Hildegard selbst hatte mit diesem irrenden Volk die Katharer gemeint – in den folgenden Jahrhunderten aber versteht man diese Worte Hildegards als Voraussage ausgerechnet der Bettelorden, die doch gegen die Katharer und als Reformbewegung in der Kirche entstanden waren.

Ich denke, daß Hildegard selbst sehr verwundert gewesen wäre, hätte sie erfahren, daß man ihr diese Art von Weissagungskraft zutraut. Zwar hat sie in der Tat eine sehr bilderreiche Sprache, die manchmal schwer verständlich oder geheimnisvoll wirkt. Aber sie hat nicht in Bildern gesprochen, um die Zukunft verschlüsselt vorauszusagen, sondern ihre Bilder wollten die Geheimnisse Gottes gerade hier und jetzt aussagbar und verstehbar machen. Wenn Gott die Welt so wunderbar nach Maß, Zahl und Gewicht geordnet hat, wie es das biblische Buch der Weisheit Salomos sagt, dann reichen einfache Worte nicht, diese Wunder auszusagen, dann müssen die Worte auch Farben, Töne und Formen sein, dann wird die Sprache von selbst bilderreich und geheimnisvoll. Deshalb ist Hildegard als Prophetin mißverstanden, wenn einzelne ihrer Worte auf Zukunftsereignisse hin gedeutet werden. Ihre Bildersprache, ihre Sprachbilder sind Aufforderung, das kosmische Drama von Schöpfung und Sündenfall, von Erlösung, Kampf und Vollendung mit allen Sinnen, mit Geist, Wille und Gemüt nachzuvollziehen.

Ganz andere Vorstellungen von Hildegard der Prophetin haben denn auch die Mönche Gottfried und Theoderich, die schon zu Lebzeiten der Rupertsberger Äbtissin mit ihrer Hildegard-Biographie begonnen haben. Gottfried und Theoderich sehen Hildegard im Licht einer Prophetinnengestalt aus dem Alten Testament, im Licht der Prophetin Debora, von der im Buch der Richter erzählt wird.

Als Vergleichspunkt beziehen sie sich zum einen auf den Namen dieser Prophetin. Debora heißt zu deutsch »Biene«, und das läßt sich gut verbinden mit dem »Honigseim göttlicher Beredsamkeit«, der aus Hildegards Mund geflossen ist. Was immer wir uns heute darunter vorstellen – für die Zeit Hildegards drückte dieses Bild von der honigfließenden Beredsamkeit den sprachlichen Wohlklang einer Rede aus, bescheinigt Hildegard also die Fähigkeit, ihre Hörerinnen und Hörer durch ihre Worte zu ergreifen, mitzureißen. Vielleicht steht sogar auch noch ein tieferer Sinn dahinter, vielleicht ist auch die Fähigkeit gemeint, das unaussprechliche Geheimnis Gottes in menschliche Sprache verstehbar umzusetzen, so wie die Bienen in ihrer geheimnisvollen Arbeit Blütennektar in Honig verwandeln. In jedem Fall ist es ein biblisches Bild aus den Psalmen, wie ja überhaupt die Sprache auch Hildegards selbst gesättigt ist mit Anspielungen auf die Psalmen. Prophetin ist Hildegard also erstens, weil sie die Hönigsüße des göttlichen Wortes fließen läßt.

Hildegard ist nach der Auffassung ihrer beiden Biographen aber auch noch in einem anderen Punkt der Prophetin Debora zu vergleichen. Debora hatte ihre Wohnstatt, so sagt das Richterbuch, zwischen den Orten Rama und Betel. Rama aber bedeutet die Höhe, der hochgelegene Ort, und Betel bedeutet Haus Gottes. Daraus folgern Gottfried und Theoderich, daß auch die prophetische Schau der heiligen Hildegard »ihre Wohnstatt hatte zwischen dem Haus Gottes und der Höhe«. Etwas anschaulicher gesprochen steigt Hildegard gewissermaßen auf in die Nähe Gottes, wenn sie ihre Schauungen hat. Und deshalb kann sie auch die Seele, die unten wohnt, lehren, in die Höhe zu steigen, den Weg zu Christus zu finden. Hildegard als Prophetin ist zweitens also eine Lehrerin der Gottsuche, eine Wegweiserin zu Gott in der Höhe.

Und schließlich ein dritter Punkt: Gottfried und Theoderich müssen sich bewußt gewesen sein, daß der Weg Hildegards etwas ganz Außergewöhnliches war für eine Frau ihrer Zeit. Sie zitieren den christlichen Schriftsteller Origenes: »Es ist für das Geschlecht der Frauen kein geringer Trost, daß auch sie der Prophetengabe teilhaftig werden können, ein Umstand, der sie ermuntert, nicht wegen der Schwäche ihres Geschlechtes zu verzweifeln.« Eine Frau als Prophetin, ein Prophet in Frauengestalt, das muß etwas Besonderes gewesen sein, das mußten Männer wie auch Frauen erst einmal mit ihrem christlichen Menschenbild zusammenbringen, wonach die Frau als die schwächere geschaffen war und in der Öffentlichkeit zu schweigen hatte. Auch Hildegard hat mit dieser christlichen Lehre gerungen, aber hat sie auf eine sehr überzeugende Weise für sich zum Sprechen gebracht: daß sie ein armes schwaches Weib ist, sagt sie nicht aus Minderwertigkeitsgefühlen heraus, sondern das muß sie gerade als ein Argument für sich gesehen haben, ein Argument dafür, daß es möglich ist, daß Gott gerade sie ausgewählt hat zu seinem Sprachrohr, denn Gott erwählt doch mit Vorzug das Geringe, das Schwache. Hildegard als Prophetin, das bedeutet für sie selbst drittens also eine grundlegend paradoxe Situation: sich be-geistert zu sehen von Gottes Weisheit und gleichzeitig immer wieder zu spüren und zu wissen, daß dies der menschlichen Weisheit, dem common sense in Kirche und Gesellschaft widerspricht. Das kennen Frauen auch heute nur zu gut.

Von den Werken Hildegards her drängen sich noch weitere Vergleiche mit biblischen Prophetengestalten auf. Hildegard die Komponistin – das erinnert an die Prophetin Mirjam, die nach dem Durchzug durch das Rote Meer mit den Frauen Israels das Lied der Befreiung singt. Hildegard vor Kaiser Barbarossa – das erinnert an die Prophetin Hulda, die der König Joschija um Rat angeht und dem sie den unabänderlichen Untergang seines Reiches und seiner Stadt ansagt. Von den männlichen Propheten der Bibel nenne ich als erste Elija und Elischa, nur um daran zu erinnern, daß von diesen beiden Propheten ja eine Reihe von Heilungswundern erzählt wird, daß also auch die Heilkraft beziehungsweise die Heilkunde in der Bibel zu den Prophetengaben gehört, bis hin zur Einbeziehung von Elementen wie Wasser, Erde oder Pflanzen.

Zwei Propheten scheint sich Hildegard besonders nahe gefühlt zu haben, nämlich Jeremia und Ezechiel. Sie selbst beschreibt sich einmal als vom Mutterschoß an von Gott erwählt, und das sind die Worte des Jeremia, die dann im übrigen ja auch von Paulus aufgegriffen werden. Ezechiel ist der Prophet gewagter Bilder, der der christlichen und jüdischen Theologie und Mystik besonders das Bild von den kreisenden Rädern aus der sogenannten Thronwagenvision am Anfang seines Buches hinterlassen hat, ein Bild, das auch für Hildegard sehr wichtig ist. Ezechiel wie Jeremia stellen ins Zentrum ihrer Worte das Schicksal der Gottesstadt Jerusalem und die Verfehlungen besonders derer, die für einen gottgemäßen Dienst am Tempel verantwortlich sind. So steht auch in Hildegards Visionen und Briefen das Schicksal der Stadt Gottes, der Kirche, im Zentrum und hält sie bekanntlich mit harter Kritik am Klerus ihrer Zeit nicht zurück. Jeremia ist schließlich der Prophet, der mit Baruch einen Schreiber besaß, der seine Worte aufschrieb und in schriftlicher Form verbreitete – das erinnert sofort an der Mönch Volmar, Hildegards Schreiber, der bis an sein Lebensende Hildegards treuer Sekretär war.

Insgesamt können wir sicher sagen: Hildegard, die von Kindesbeinen an gelernt hatte, die Heilige Schrift als ihr wichtigstes Buch zu betrachten, konnte ihr eigenes Leben, ihre eigene Existenz nach dem Vorbild gerade auch einer ganzen Reihe von biblischen Prophetinnen und Prophetengestalten verstehen, konnte sich selbst in deren Leben und deren Botschaft einzeichnen.

Gerade weil das so ist, weil Hildegard nicht verstanden werden kann ohne diese tiefe lebensmäßige Verwurzelung in der Heiligen Schrift, besonders auch des Alten Testamentes, gerade deshalb scheint es mir auch gerecht und richtig, an dieser Stelle auf zwei Punkte hinzuweisen:

Es ist zum einen Hildegards Verhältnis zur konkreten materiellen Armut und zu den Armen und Ärmsten in ihrer Gesellschaft. Gerade ihr Jahrhundert war ein Jahrhundert, in dem das Armutsproblem neue Dimensionen anzunehmen begann. Zwar spricht Hildegard in ihren Werken durchaus von Armut, so zum Beispiel gleich schon in der ersten Vision ihres ersten Werkes Scivias. Aber charakteristischerweise ist das Mädchen in dieser Vision ein Bild nicht der materiellen Armut, sondern der Armut im Geiste, der demütigen Offenheit im Glauben. Wir werden nüchtern anzunehmen haben, daß Hildegard selbst, gemessen am Lebensstandard ihrer Zeit, keineswegs ein materiell armes Leben geführt hat. Ihre Klöster hatten Bedienstete, die die körperlich harten Arbeiten verrichteten, sie hatten materielle Sicherheit über die eigene Mitgift und die Schenkungen von außen. In ihrer Lehre über die Körpersäfte kommt der Schweiß, Zeichen harter körperlicher Arbeit, schlecht weg. Für Hildegard war das Problem von Armut und Not keines, das sie in besonderer Weise als solches erkannte, wenn sie auch konkret Armen oder Kranken geholfen hat. Wenn wir diesen Befund noch einmal auf die biblische Prophetie zurückspiegeln, dann können wir sagen: In Hildegards prophetischer Existenz und Rede fehlt der Bereich, für den in der Bibel vor allem der Prophet Amos steht. Amos verbindet ja bekanntlich seine Visionen vom Ende Israels und von einem neuen und guten Anfang mit einer außerordentlich scharfen Sozialkritik an den Mächtigen seines Volkes, die auf dem Rücken der Armen ihren Reichtum genießen und ausbauen. Dieses Thema des Propheten Amos ist gerade auch in unserer Gegenwart von neuer Brisanz und Aktualität, nun im globalen, weltumspannenden Maßstab. In Hildegards Visionen aber, auch dort, wo es um die Zerrissenheit der Welt im Kampf zwischen Gut und Böse geht, kommt das Problem der Armut, soweit ich sehe, nicht vor. Hildegard – Prophetin für unsere Zeit? Das Fragezeichen möchte Sie dazu anregen, bei aller Wertschätzung auch solche Leerstellen im Werk der Heiligen nicht zu übersehen.

Eine andere Leerstelle oder besser Schwachstelle schließe ich gleich an, in den Biographien ebenfalls zumeist vorsichtig umgangen oder vorauseilend entschärft, Hildegards Aussagen über das Judentum. Zum einen haben wir ihre ganz offenbar große Vertrautheit mit dem Alten Testament, ihr Leben vor allem mit den Psalmen in den Stundengebeten ihres klösterlichen Tageslaufes, ihr Anknüpfen an große Gestalten des Alten Testaments, wobei sie besonders immer wieder Abel, Noah, Abraham, Mose und die Propheten nennt. Auch für eines ihrer Lieblingsmotive, das Licht, das erste der Schöpfungswerke Gottes, konnte sie sich in reicher Weise gerade auf das Alte Testament zurückbeziehen.

Zum anderen aber haben wir, auch wieder in ihrem Werk Scivias, das Bild der Synagoge, also des Judentums, als einer Frauengestalt, die keine Augen hat und ihre Hände unter ihren Achseln eingeklemmt hält, also eine Gestalt, die weder sehen noch irgendetwas tun kann. Die Erklärung dieser Gestalt, die Hildegard selbst gibt, spricht denn auch deutlich davon, daß die Synagoge von Gott enterbt worden und die Kirche an ihre Stelle getreten sei. Das heißt im Klartext, daß Hildegard wie durchweg die Theologie ihrer Zeit das Judentum als verblendeten Unglauben ansah. So weit wir ihren Schriften entnehmen können, hat Hildegard die zu ihrer Zeit stattfindenden Judenpogrome auf den Wegen der Kreuzfahrer ins Heilige Land nicht gutgeheißen, sie aber auch nicht verurteilt – sie hat sich schlicht überhaupt nicht dazu geäußert, hat auch hier wohl, wie in der Frage der Armut, keinen Handlungsbedarf gesehen. Heute aber sehen wir, daß die in Jahrhunderten angesammelte Schuld der Christen und Christinnen gegenüber den Juden und Jüdinnen unermeßlich groß ist. In unserer Gegenwart, in unserer Zeit, in der die christlichen Kirchen zu verstehen beginnen, daß sie ihren Teil der Verantwortung für diese Geschichte bis hin zur Shoah zu übernehmen haben, heute sollten wir die Auffassung Hildegards über das Verhältnis des Christentums zum jüdischen Gottesvolk nüchtern und kritisch korrigieren.

Aber dürfen wir das denn überhaupt, dürfen wir eine Prophetin kritisieren? Hildegard selbst gibt darauf die Antwort. Auf der einen Seite ist sie von der Gewißheit erfüllt, den Schein des lebendigen Lichtes zu sehen, das Wort des lebendigen Wortes zu hören, und gerade in dieser Gewißheit ist Hildegard auch ganz Prophetin. Auf der anderen Seite aber weiß auch sie um das Problem der falschen Propheten, deren Worte nicht von Gott, sondern vom Teufel kommen und die die Menschen in die Irre führen. Hildegard selbst hat deshalb für sich anscheinend vor allem ein Beurteilungskriterium gelten lassen: Sie versteht ihre Schauungen ausdrücklich als Auslegungen des tieferen Sinnes der Heiligen Schrift, sie bindet sich also an den Wortlaut der Schrift als ihre Grundlage, ihre Bilder sind gewissermaßen Dialog mit der Bibel für ihre Zeit und in ihrer Zeit. Darin unterscheidet sich Hildegard charakteristisch von den biblischen Propheten, darin zeigt sich, daß sie sich selbst eben nicht auf eine

Stufe stellt mit diesen großen Kündern und Künderinnen, sondern sich ihnen unter-stellt. Und genau das erlaubt uns heute auch ein spannendes Gespräch gewissermaßen zu dritt, zwischen den Werken Hildegards, ihrer biblischen Grundlage und heutigem Bemühen um eine zeitgemäße Auslegung der Heiligen Schrift als der Grundlage unseres Glaubens, eine Auslegung, die dann durchaus auch zu anderen Ergebnissen als denen Hildegards kommen kann, manchmal kommen muß.

Damit bin ich bei einem letzten Blick auf Hildegard die Prophetin. Die Propheten der Bibel haben öffentliches Aufsehen unter anderem damit erregt, daß sie sogenannte Zeichenhandlungen vollzogen, daß sie etwas Provokantes in Szene gesetzt haben, mit dem sie ihren Worten gewissermaßen leibhaftige, sichtbare und fühlbare Gestalt gaben. Zumindest eine solche prophetische Zeichenhandlung ist auch von Hildegard überliefert und ermöglicht zugleich einen tiefen Einblick in Hildegards Selbstverständnis als Frau. Dann, wenn sie in der Eucharistiefeier auch zur Kommunion gingen, hätten die Schwestern nicht ihre übliche Tracht getragen, sondern leuchtendweiße Seidenschleier, die das Haar sichtbar ließen, dazu geschmückt mit einem goldenen Reif. Dabei war doch in den Briefen des Apostels Paulus zu lesen, daß Frauen das Haar im Gottesdienst bedeckt zu halten und sich von Schminke und Schmuck fernzuhalten hätten. Paulus argumentiert hier unter anderem damit, daß der Mann als erster, dann erst die Frau aus dem Mann erschaffen wurde, und daß der Mann das Haupt der Frau sei. Und jetzt dies – fromme Ordensfrauen mit geschmücktem Haar im Gottesdienst! Das ist auf jeden Fall um einiges provokanter als 900 Jahre später drei Frauen, die in einem Kölner Vespergottesdienst predigen! Hildegards Umwelt war entsetzt, aber sie beruft sich auf eine Schauung, die sie in Scivias niedergeschrieben hat. Und sie hat ihre eigene theologische Begründung parat. Für Hildegard ist Eva in der Tat als zweite geschaffen, ist Eva auch weicher, zarter, schwächer als der Mann, aber deshalb hat Eva nicht größere Schuld im Paradiesgarten auf sich geladen, sondern der Teufel, die alte Schlange, hat mit List den für ihn günstigeren Weg gefunden. Die Erschaffung Evas aus Adam und ihre größere Weichheit und Zartheit ist für Hildegard von Gott als gut, nicht minderwertig befunden und von Gott gewollt im Hinblick auf die Menschwerdung Christi, denn so könnte Christus aus dem feineren Leib der Frau, unberührt vom Erdenstaub des Adam, geboren werden. Diese Linie im Denken Hildegards ist ein wohltuendes Gegengewicht in der Lehre von der Schuld Evas. Allerdings führt sie diese Linie noch weiter: Eva und Adam können nach dem Sündenfall nur noch Nachkommen hervorbringen, die unter dem Fluch der Sünde stehen. Sichtbares und fühlbares Zeichen dieser Sündenverfallenheit aber ist die geschlechtliche Lust, ohne die kein Kind gezeugt werden kann. Deshalb auch mußte der Erlöser aus einer Frau geboren werden, die solche Lust nie gekannt hat, mehr noch, die un-versehrt durch einen Mann geblieben ist, die Jungfrau Maria. Maria also ist für Hildegard nicht einfach eine Frau wie Eva, sondern sie ist mehr, sie ist ein eigener Mensch, nicht in der Unterordnung unter einen Mann, nicht einmal als Gegenüber zu einem Mann definiert. Ebenso steht nach Hildegard auch die virgo, die gottgeweihte Jungfrau, nicht unter dem Gesetz Evas, gilt für sie nicht, was Paulus den Evastöchtern befiehlt. Aus all dem spricht ein sehr hohes und großes Selbstbewußtsein der virgo als eigener Mensch, aber um den Preis einer klaren Abwertung der menschlichen Sexualität. Auch hier werden zumal christliche Frauen heute in ein kritisches Gespräch zu dritt einzutreten haben, werden sie weder Hildegard noch Paulus unwidersprochen stehen lassen können.

Aber vielleicht ist das das wichtigste Vermächtnis von Hildegard der Prophetin: Ihr Leben und ihr Werk machen Mut, im Vertrauen auf das lebendige Licht an Grenzen zu gehen, bisher für unüberwindbar gehaltene Grenzen zu überschreiten. Hildegards Leben und ihr Werk machen Mut, eine Vision der Wirklichkeit als ganzer unter dem Licht Gottes zu entwerfen, eine Vision, die zugleich lebenspraktisch wird. Dies ist heute sicher keiner einzelnen Frau mehr möglich, sondern bedarf einer Gemeinschaft solidarischer Frauen, solidarischer Menschen in dieser Welt.

Marie-Theres Wacker

Zur Frage »Hildegard und das Judentum« vgl. auch den Beitrag von Elisabeth Gössmann: Eine »gewiefte Managerin«? – Versuch einer Synopse des Hildegard-Jahres, in: Schlangenbrut. Streitschrift für feministisch und religiös interessierte Frauen, Nr. 64 (Februar 1999), S. 38–49.

Eine wandernde Aramäerin war meine Mutter

Eine wandernde Aramäerin war meine Mutter.
In Ägypten hat sie Sklaven geboren.
Dann rief sie den Gott unserer Mütter an.
Sarah, Hagar, Rebekka, Rahel, Lea,
Gelobt sei Gott, der uns hört, immer und immer.

Eine Kriegerin, Richterin und Hure war meine Mutter.
Gott bediente sich ihrer von Zeit zu Zeit.
Sie gab, was sie konnte, und war willig.
Rahab, Jael, Debora, Judith,
Gelobt sei Gott, der sich unserer bedient, immer und immer.

Eine galiläische Jungfrau war meine Mutter.
Sie trug unser Leben und unsere Hoffnung.
Und ein Schwert durchbohrte auch ihre Seele.
Maria, gesegnet unter den Frauen, Mutter Gottes,
Gelobt sei Gott, der liebt, immer und immer.

Eine Zeugin von Christi Auferstehung war meine Mutter.
Sie sagte, was die Engel ihr gesagt hatten.
Die Apostel hielten es für leeres Geschwätz.
Maria, Maria Magdalena, Johanna, Frauen bei ihnen,
Gelobt sei Gott, der lebt, immer und immer.

Eine gläubige Christin war meine Mutter.
Eine Mystikerin, Märtyrerin, Heilige.
Auf daß wir mit ihr in allen Generationen
Julia, Perpetua, Klara, Hilda
Gott loben, der uns geschaffen hat,
Gott, der uns errettet hat,
Gott, der uns alle erhält, immer und immer.

Evangelisches Missionswerk Hamburg

Wenn die Propheten einbrächen

Wenn die Propheten einbrächen
durch die Türen der Nacht,
den Tierkreis der Dämonengötter
wie einen schauerlichen Blumenkranz
ums Haupt gewunden –
die Geheimnisse der stürzenden und sich hebenden
Himmel mit den Schultern wiegend –

für die längst vom Schauer Fortgezogenen –

Wenn die Propheten einbrächen
durch Türen der Nacht,
die Sternenstraßen gezogen in ihren Handflächen
golden aufleuchten lassend –

für die längst im Schlaf versunkenen –

Wenn die Propheten einbrächen
durch Türen der Nacht
mit ihren Worten Wunden reißend
in die Felder der Gewohnheit,
ein weit Entlegenes hereinholend
für den Tagelöhner

der längst nicht mehr wartet am Abend –

Wenn die Propheten einbrächen
durch die Türen der Nacht
und ein Ohr wie eine Heimat suchten –

Ohr der Menschheit
du nesselverwachsenes,
würdest du hören?
Wenn die Stimme der Propheten
auf dem Flötengebein der ermordeten Kinder

blasen würde,
die vom Märtyrerschrei verbrannten Lüfte
ausatmete –
wenn sie eine Brücke aus verendeten Greisenseufzern
baute –

Ohr der Menschheit
du mit dem kleinen Lauschen beschäftigtes,
würdest du hören?

Wenn die Propheten
mit den Sturmschwingen der Ewigkeit hineinführen
wenn sie aufbrächen deinen Gehörgang mit den Worten:
Wer von euch will Krieg führen gegen ein Geheimnis
wer will den Sterntod erfinden?

Wenn die Propheten aufständen
in der Nacht der Menschheit
wie Liebende, die das Herz des Geliebten suchen,
Nacht der Menschheit
würdest du ein Herz zu vergeben haben?

Nelly Sachs

WERKSTATT GOTTESDIENST

Auf den folgenden Seiten werden Gottesdienste oder auch einzelne Gottesdienstelemente vorgestellt, die sich nicht unmittelbar auf den thematischen Schwerpunkt beziehen. Sie können in Teilen oder vollständig übernommen und auch in einen größeren liturgischen Rahmen einbezogen werden. Aus einem »Morgenlob« läßt sich mit wenigen Änderungen ein Gottesdienst zum Tagesausklang machen, ein Meditationstext kann in einer Eucharistiefeier Verwendung finden ... Durchgängig sollen die Materialien dieses Teils dazu anregen, konkrete und anschauliche Symbole für eine ganzheitliche Liturgie fruchtbar zu machen, in der Gott »mit Herzen, Mund und Händen« angesprochen wird.

Abendgebet für das Leben

Am 23. Januar 1999 fand im Dom zu Mainz ein Gottesdienst des kfd-Diözesanverbandes Mainz in Zusammenarbeit mit der Diözesanstelle der Frauenseelsorge in Mainz statt:

»Wir wollen in Solidarität mit den Frauen und Männern in Schwangerschaftskonflikten für das Leben beten und uns für den Verbleib der katholischen Beratungsstellen im staatlichen System der Schwangerschaftskonfliktberatung einsetzen.«

Lied zu Beginn

»Jetzt ist die Zeit« (kfd-Liederbuch, Nr. 14)

Begrüßung

Wer sich zum Gebet versammelt, macht deutlich, daß noch nicht alle Fragen gestellt sind, daß noch nicht alle Wege gegangen sind, daß noch nicht alle Antworten gegeben sind. Menschen, die sich zum Gebet versammeln, zeigen, daß sie noch offen sind: offen für noch nicht Gedachtes, offen für noch nicht Gesagtes, offen für noch nicht Gehörtes – offen für einen vielleicht unerwarteten An-spruch Gottes.

So begrüße ich Sie zu diesem Abendgebet für das Leben. Inmitten der heftig und engagiert geführten Diskussionen um die Zukunft der katholischen Beratungsstellen lade ich Sie ein zu einem Gebet für die Frauen und Männer, die durch eine Schwangerschaft in große Konflikte geraten. Unser Gebet ist eine Form, uns an die Seite derer zu stellen, die wegen einer Schwangerschaft in Schwierigkeiten stecken. Sie sollen in ihrer Not nicht alleine gelassen werden.

Mit unserem Gebet öffnen wir uns für das Wort Gottes, um uns inspirieren zu lassen. So können wir entdecken, was wir tun können, um dem Leben Raum zu geben trotz vielerlei Bedrohungen. Wo lebensfeindliche Strukturen und Gedanken unsere Gesellschaft prägen, sind wir alle beteiligt und angefragt.

In den Schrifttexten werden wir Menschen begegnen, die sich ihrer Verantwortung gestellt haben: Schifra und Pua, den beiden Hebammen, die entschieden handeln gegen den Vernichtungswillen der Herrschenden, und Josef, dem Mann der Maria, der auf seine Träume hört, der bereit ist, ungewöhnliche Wege zu gehen, um dem Leben sicheren Raum zu schaffen. Josef, ein Mann, der sich nicht drückt, der bereit ist, seine Verantwortung wahrzunehmen.

Texte zum Kyrie

Zu jedem genannten Vorurteil wird ein Stein vor die Osterkerze gelegt.

Für eine Frau, die ungewollt schwanger ist, werden viele gängige Haltungen, Vorurteile und Einstellungen in unserer Gesellschaft zur Last:

Wenn frau nicht will, muß sie heute doch nicht mehr schwanger werden. Wer schwanger wird, ist selbst dran schuld.

Mit 40 Jahren noch ein Kind? Nein, das soll sie sich aber noch mal gut überlegen.

Ab drei Kindern bist du kinderreich, spätestens mit vier Kindern giltst du als asozial. Viele Kinder soll nur haben, wer sich's leisten kann.

Lied: »Meine engen Grenzen«, 1. Strophe (FrauenGottesDienste 2, S. 66) – *Kerze anzünden*

Hast du eine Wohnung zu vermieten? Am besten nimmst du eine ältere Dame oder einen gutsituierten Beamten, Nichtraucher selbstverständlich. Bloß keine Frau mit Kind!

Behinderte Kinder muß eine Frau heute doch nicht mehr zur Welt bringen. Welche Last für die Familie. Wenn Kinder später krank werden oder verunglücken, ist das was anderes.

Frau kann nicht alles haben, entweder Karriere oder Kinder, aber einfach erwarten, daß der Mann bei den Kindern einspringt und sie im Beruf bleibt ...?

Lied: »Meine engen Grenzen«, 2. Strophe – *Kerze anzünden*

So 'ne junge Frau! Die soll doch erst mal ihre Ausbildung fertig machen und auf eigenen Füßen stehen. Dann ist noch Zeit genug für Kinder.

Keinen Mann, aber das Kind haben wollen. Und später nehmen die dann den Kindern aus intakten Familien den Kindergartenplatz weg.

Du brauchst nicht zu erwarten, daß dir jemand hilft, wenn du mit drei kleinen Kindern und Gepäck in den Zug einsteigen willst. Besser du überlegst vorher, daß das erste schon allein laufen kann, wenn du das zweite noch an der Hand nehmen mußt und das dritte dann noch wohlbehalten im Bauch ist. Falsche Planung geht da auf Kosten der Frau.

Lied: »Meine engen Grenzen«, 3. Strophe – *Kerze anzünden*

Lesung

Ex 1,15–22: Die Israeliten wurden vom Pharao zu harter Sklavenarbeit gezwungen. Den hebräischen Hebammen Shifra und Pua befahl er, bei der Geburtshilfe der Hebräerinnen die Knaben sterben und die Mädchen leben zu lassen. Doch die beiden Frauen widersetzten sich mutig diesem Befehl, und Gott war mit ihnen.

Lied

»Steh auf, bewege dich« (kfd-Liederbuch, Nr. 25)

Evangelium

Mt 2,12–15: Auf die Weisung des Engels kehrten die Sterndeuter nicht zu Herodes zurück, nachdem sie das Kind gefunden hatten.

Als sie wieder gegangen waren, erhielt Josef im Traum auch durch einen Engel die Weisung, mit dem Kind und seiner Mutter nach Ägypten zu fliehen.

Fürbitten

Du Gott des Lebens, mit brennenden Kerzen stehen wir vor dir. Uns ist es aufgegeben, Leben zu erhalten und nicht zu zerstören. Darin ist uns Jesus mit seinem Beispiel vorangegangen. Voll Zuversicht bitten wir:

– Wir bitten für alle, denen ein Ja zum ungeborenen Kind so schwer gemacht wird: Laß sie die lebensspendende Kraft deiner und unserer Liebe erfahren, die ihnen hilft, ihre Schwierigkeiten zu bewältigen.
  Antwortgesang: »Du Gott stützt mich« (s. S. 70)

– Wir bitten für die Kirchen und Gemeinden: Laß sie zu einem Ort werden, wo Familien – Frauen, Männer und Kinder – sich zu Hause fühlen können, wo ihre Freuden und Nöte mitgetragen werden.

– Wir bitten für alle, die ihre Zeit, Kraft und Phantasie in den Dienst am Leben stellen: Laß sie spüren, daß ihre Mühen nicht umsonst sind und daß die Zahl derer immer größer wird, die sich mit ihnen für das Leben, für eine hoffnungsvolle Zukunft für die Menschen einsetzen.

– Wir bitten für uns alle, denen du aufgetragen hast, einander zu lieben, wie du uns geliebt hast: Bewahre uns davor, andere zu verurteilen; laß uns vielmehr hellhörig sein für die Nöte, die unsere Hilfsbereitschaft erfordern.

– Wir bitten für jedes tote Kind: Wenn du die Quelle des Lebens bist und die grenzenlose Liebe, darf jedes leben bei dir ohne Angst und Not. Wenn du alle aus dem Tode holst, wiegst du sie in deinen Armen, nimmst sie auf deinen Schoß. Darum bitten wir dich.

Du unser Gott, es gibt so vieles in unserer Welt, was Leben unmöglich macht und es zerstört. Du hast uns aber deinen Geist gesandt, der uns lebendig macht. Laß uns mit seiner Hilfe aufmerksam sein für alle die vielen kleinen und großen Möglichkeiten, die unser aller Leben lebenswert machen können. Darum bitten wir mit Christus, unserem Bruder. Amen.

Segen

Gottes Segen komme zu uns Frauen und Männern,
daß wir stark sind in unserer schöpferischen Kraft,
daß wir mutig sind in unserem Recht.

Gottes Segen komme zu uns Frauen und Männern,
daß wir nein sagen, wo es nötig ist,
daß wir ja sagen, wo es gut ist.

Gottes Segen komme zu uns Frauen und Männern,
daß wir schreien, wo Unrecht ist,
daß wir schweigen, wo Entsetzen ist.

Gottes Segen komme zu uns Frauen und Männern,
daß wir Weisheit suchen und finden,
daß wir Klugheit zeigen und geben.

Gottes Segen komme zu uns Frauen und Männern,
daß wir die Wirklichkeit verändern,
daß wir das Lebendige fördern.

Daß wir Gottes Reich errichten auf Erden!

(Hanna Strack)

kfd-Diözesanverband Mainz

Gekürzte Fassung – Die Dokumentation des gesamten Gottesdienstes kann angefordert werden bei: kfd-Diözesanverband Mainz, Bischofsplatz 2, 55116 Mainz, Tel. (0 61 31) 25 32 68.

LIEDER

Du, meine Seele singe

T: Esther Schmid nach Paul Gerhardt
M: Johann Georg Ebeling

2. Ja, ich bin nicht zu wenig,
zu rühmen ihren Ruhm.
In ihrem großen Garten
bin ich ein blühend' Blum.

Bin Spiegelbild und Schatten
der einen großen Kraft,
die durch mich lebt und atmet
und neues Leben schafft.

Du Gott stützt mich

T u. M: Dorothea Schönhals-Schlaudt

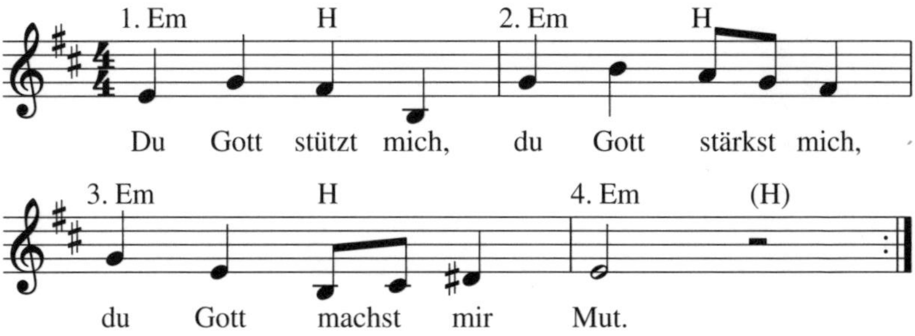

Erleuchte und bewege uns

T: Friedrich Karl Barth
M: Peter Janssens

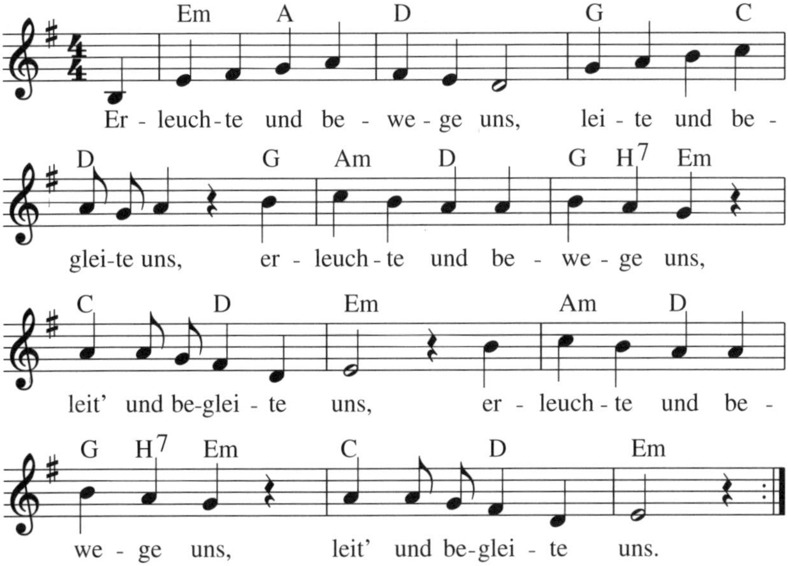

aus: Und der Brunnen ist tief, 1987

Hören, hören

Hören, hören! – O du mein Gott –
nur Taube wissen, wie Hören tut,
und warten im Eisblock des Schweigens
auf dein lebendiges Wort.
Auch Menschenstimmen warten sie ab
mit ihrem sanften gehorchsamen Willen
und ihr Lächeln sagt zu den Lauten: Ja –
und gefriert dann wie Tau in Novembernächten.
Sie wissen, daß sie im Irrtum wohnen,
in einem Schuldturm aus Mißverständnis,
und es zittert in allem, was sie bezeugen,
die Qual des Verwechselns.
Selten wagt sich ihr Herz herauf,
um eine Antwort beherzt zu machen,
wenn sie doch einmal sich angesprochen
wähnen und freudig erschrecken.
Aber ihr Leben – o du mein Gott –
ihr Leben ist dennoch erfüllt von Verheißung,
daß du in ihr Fleisch kommst als dauerndes Wort
und den Schuldturm zum Tempel verwandelst.

Christine Lavant

STICHWORT LITURGIE

In diesem Abschnitt des Buches stehen Beiträge, die dem tieferen Verstehen liturgischer Feiern dienen. Viele Mitarbeiterinnen in einem Liturgiekreis, vor allem, wenn sie die Aufgabe neu übernommen haben, fragen nach den Zeichen, nach dem Aufbau und den Elementen eines Gottesdienstes, oder sie wollen wissen, warum es beispielsweise ein Predigtverbot für Laien gibt.

Informationen, Erklärungen und Anregungen enthält dieser Teil des Buches durchgängig.

»Löscht den Geist nicht aus!«

ÜBERLEGUNGEN ZUR PROPHETISCHEN REDE VON FRAUEN IN DER CHRISTLICHEN LITURGIE

Propheten haben es in der Kirche seit jeher nicht leicht. Dies gilt in besonderem Maße von Prophetinnen. Bekanntlich ist das Prophetenamt neben dem der Apostel und Lehrer im Neuen Testament noch geläufig. Die im Titel dieses Beitrags zitierte Stelle aus dem Ersten Thessalonicherbrief »Löscht den Geist nicht aus!« wird fortgeführt mit der Aufforderung: »Verachtet prophetisches Reden nicht!« (1 Thess 5,19–20). Schon bald setzt eine Tendenz der Ausgrenzung prophetischer Rede ein, die sich zum Beispiel in einer Kirchenordnung aus dem frühen zweiten Jahrhundert, der sogenannten Lehre der Zwölf Apostel (Didache), äußert. Ursachen des Zurückdrängens waren sicherlich auch die zahlreich auftretenden »falschen Propheten«, deren Entlarvung durch die »Unterscheidung der Geister« bereits in neutestamentlicher Zeit ein Problem war. Immerhin genießen die wahren Propheten im zweiten Jahrhundert noch ein hohes Ansehen. So heißt es in der Didache: »Den Propheten aber gestattet, Dank zu sagen (eucharistein), soviel sie wollen« (Didache 10,7). In der »Traditio Apostolica«, einer Kirchenordnung des dritten Jahrhunderts, ist von den Propheten jedoch schon nicht mehr die Rede.

Professionalisierung des Klerus – Zurückdrängung der Frauen

Der Niedergang der Propheten in der frühen Kirche hängt, wie der Bonner Kirchenhistoriker Georg Schöllgen gezeigt hat, mit der zunehmenden Professionalisierung des Klerus zusammen. Damit wurde es einerseits möglich, die Gemeinden zu strukturieren und die sicherlich nicht immer positiven Einflüsse durch Wanderpropheten einzudämmen, andererseits kam es in dieser Zeit zu einer Konzentration aller Seelsorgsfunktionen auf den männlichen Klerus. Dies hatte nicht zuletzt zur Folge, daß auch die Seelsorgetätigkeit der Witwen, die in der syrischen Didaskalie aus dem dritten Jahrhundert noch bezeugt ist, zurückgedrängt wird und sich nur noch in Nischen über das vierte Jahrhundert hinaus halten kann. In der syrischen Didaskalie wird Frauen nur in ganz beschränktem Maße zugestanden, über Glaubensdinge zu reden. Als Begründung für die Eingrenzung werden Mißstände bei der Verkündigung der Witwen angeführt: »Indem sie nämlich ohne Kenntnis der Lehre reden, bringen sie die Verleumdung über das Wort ... Wenn nämlich die Heiden, die unterrichtet werden, das Wort Gottes hören, ohne daß es ihnen ordnungsgemäß, wie es sich gebührt, verkündet wird zum Bau des Ewigen Lebens, zumal weil es ihnen von einer Frau vorgetragen wird, wie sich unser Herr in den Leib kleidete, und über das Leiden Christi, so lachen und spotten sie, anstatt das Wort der Lehre zu preisen, und jene macht sich des großen Gerichts der Sünde schuldig« (Schöllgen 164). Die altkirchliche Position, daß es sich nicht zieme und es auch nicht notwendig sei, daß Frauen lehren, kann sich offensichtlich in dem Maße festigen, in dem der männliche Klerus die Oberhand gewinnt. Bis auf die Hilfstätigkeiten der Diakoninnen bei der Taufe werden Frauen weitgehend in den häuslichen Bereich zurückgedrängt.

Dennoch bleibt das prophetische Charisma in der Kirche präsent, wenn auch meist als offene Wunde. In den letzten Jahrzehnten ist viel über Frauengestalten der Bibel und der Kirchengeschichte gearbeitet worden, wobei sich die Schicksale in vieler Hinsicht auffallend gleichen. Einen relativen Selbstand hatten Frauen in der Kirche nur als geweihte Jungfrauen, angefangen von den Wüstenmüttern des frühen ägyptischen Mönchtums bis hin zu Gestalten der abendländischen Kirchengeschichte wie Hildegard von Bingen, Teresa von Avila oder Edith Stein. Daß es hier zu verschiedensten Zeiten und an verschiedensten Orten Nischen gab, die teilweise erhebliche Spielräume ermöglichten, haben die neueren Forschungen gezeigt. Einiges davon ist in dem 1990 erschienenen Sammelband »Liturgie und Frauenfrage« zusammengetragen worden. Innerhalb der Klostermauern hatte vor allem die Äbtissin Möglichkeiten der geistlichen Begleitung und des Glaubenszeugnisses, Tätigkeiten, die in der Alten Kirche verbürgt und in den orientalischen Traditionen teilweise bis heute in Übung sind. In jüngerer Zeit ist manches davon auch in der römisch-katholischen Kirche wieder aufgelebt, wenn zum Beispiel Ordensfrauen Exerzitienkurse halten oder Autorinnen ein geistliches Wort im Radio sprechen.

Frauen in der Rolle des Verkündigens

Vor diesem Hintergrund muß man die Schwierigkeiten sehen, die sich mit dem Ansinnen verbinden, als Frau vor eine Gruppe oder gar Gemeinde hinzutreten und ein geistliches Wort, eine Ansprache oder Predigt zu halten. Frauen trifft hier das doppelte Stigma des Laie-Seins und des Geschlechts. Natürlich ist auf diesem Gebiet in den vergangenen Jahren mancher Fortschritt erreicht worden. Im geschützten Raum von Frauengottesdiensten haben sich viele Frauen in Formen der freien Rede eingeübt. Viele haben sich durch Studium und Weiterbildung Kenntnisse erworben, die zu einer größeren Sicherheit in der Rolle der Predigerin beitragen und den Hörenden das Gefühl der Verläßlichkeit vermitteln. Als vor einigen Jahren das Predigtverbot für »Laien« in der Meßfeier eingeschärft wurde, wuchs die Erkenntnis, daß es ja auch andere Gottesdienstformen gibt, in denen das Verdikt nicht gilt. So fanden erstmals 1998 im Rahmen des Kölner Domjubiläums – ein Novum in der 750jährigen Geschichte dieses Bauwerks – Predigten durch Frauen innerhalb von Vespergottesdiensten statt. In anderen Bistümern ist dies längst gute Gewohnheit geworden. Auf Katholikentagen gehört die öffentliche Rede von Frauen im Gottesdienst ebenfalls zum normalen Erscheinungsbild, wie in einschlägigen Dokumentationen festgehalten (vgl. den Band »Wahrhaftig, Gott ist bei euch!«). Was also in der Geschichte der Kirche eher Ausnahme war und sich allein mit den Namen großer Charismatikerinnen wie Hildegard von Bingen oder Katharina von Siena verbindet, wird mehr und mehr gelebte Praxis der Kirche. Dadurch hat sich schon vieles verändert und wird sich noch mehr ändern. In der Wahrnehmung von Frauen in der Rolle des Verkündigens und Auslegens ändert sich mit der Zeit auch die Wahrnehmung der Weise des Gegenübertretens im katholischen Gottesdienst. Daß dies auch von offizieller Seite bereits erkannt wird, zeigen neuere Dokumente wie die 1999 von der Deutschen Bischofskonferenz veröffentlichte Rahmenordnung für die Zusammenarbeit von Priestern, Diakonen und Laien im Bereich der Liturgie, die eher restriktiv die Unterscheidung zwischen besonderem und allgemeinem Priestertum profilieren. Der Tenor solcher Dokumente erinnert – allen gegenteiligen Beteuerungen zum Trotz – an die Weise der Eindämmung des Einflusses laikaler Gruppen zu Beginn der Herausbildung des professionellen Klerus im zweiten und dritten Jahrhundert. Nun läßt sich aber das Rad der Geschichte gottlob nicht zurückdrehen. Die Aussagen des Zweiten Vatikanischen Konzils in bezug auf die Verantwortlichkeit aller für alle Bereiche des kirchlichen Lebens (liturgia, martyria, diakonia) sind irreversibel; handelt es sich doch um nichts weniger als die Wiederentdeckung der ursprünglichen Tradition der Kirche, die ihrem Ursprung in Jesus Christus verpflichtet bleibt. Aufgabe des kirchlichen Amtes ist es, die verschiedenen Geistesgaben, die Charismen, zu entdecken und zu fördern. Dies bedeutet nicht, daß das Amt wie in der Vergangenheit alle Aufgaben an sich zieht, sondern vielmehr, daß es den vielfältigen Gaben des Geistes in der Gemeinde Raum gibt.

Die Aufwertung des prophetischen Charismas in der Kirche gehört sicherlich zu den wichtigsten Anliegen der kommenden Zeit. Statt es vorschnell zu kanalisieren oder gar zu unterdrücken, sollte ihm größerer Raum gegeben werden. Wie bereits gesagt, kann die Gruppe eine Art Schutzraum bilden, in dem die Barrieren abgebaut und die notwendigen Fertigkeiten inhaltlicher und technischer Art erworben beziehungsweise eingeübt werden können. Voraussetzung für diesen Weg ist aber die Erkenntnis, daß der Geist nicht nur durch das Charisma des Amtes, sondern auch durch zahlreiche andere Charismen in der Gemeinde wirkt. Er will sich nicht nur durch das Wort des Priesters, sondern auch durch das Wort anderer Gehör verschaffen. Dies muß kein Gegensatz sein, auch nicht in bezug auf die Meßfeier in der Gruppe oder Gemeinde. Der durch die derzeitigen Bestimmungen relativ eng gesteckte Rahmen bietet dennoch Platz für das persönliche Glaubenszeugnis, die prophetische Rede oder den Austausch geistlicher Erfahrungen. Was immerhin möglich ist, zeigt die 1999 veröffentlichte Regelung des außerordentlichen Predigtdienstes von Laien in der Eucharistiefeier in der Diözese Rottenburg-Stuttgart. Wie breit das Spektrum insgesamt sein kann, zeigt sich, wenn man die auseinandergedrifteten Bereiche Katechese und Liturgie wieder enger miteinander in Beziehung setzt, wie dies in dem 1998 veröffentlichen Sammelband »Glauben lernen – Glauben feiern« in einer Reihe von Erfahrungsberichten und Reflexionen zum Ausdruck kommt.

Predigten von Frauen

Im folgenden sollen einige konkrete Hinweise gegeben werden. Ich stütze mich dabei auf einen Beitrag im erwähnten Band »Liturgie und Frauenfrage« von der amerikanischen Theologin Carol M. Noren: Frauen-Wort und Gottes-Wort. Homiletische Beobachtungen zu Predigten von Frauen im nordamerikanischen Raum (Liturgie und Frauenfrage 601–620). Die Ausführungen betreffen zwar die Predigt durch Frauen im allgemeinen, lassen sich aber leicht auf unser Thema beziehen.

Carol Noren nennt einige inhaltliche und formale Schwerpunkte der Predigten von Frauen. Zunächst geht es um das Phänomen, daß exegetische Ausführungen als Absicherungsmechanismus dienen. Gemeint ist eine verbreitete Tendenz, sich hinter exegetischen Ausführungen, wie man sie in der Fachliteratur findet, gleichsam zu verstecken. Positiv an der starken exegetischen Ausrichtung vieler Frauenpredigten sieht Noren den Versuch, patriarchalische Interpretationsmuster aufzubrechen und neue Zugänge zum Schrifttext zu finden. Während Frauen den Text eher für sich sprechen lassen, tendieren Männer dazu, sich mit der »Autoritätsfigur« des Textes, also in der Regel Jesus, zu identifizieren. Daraus folgt oft ein moralischer Appell, wie er in Frauenpredigten offensichtlich weniger üblich ist.

Als zweiten Punkt nennt Noren vielfältiges Kommunikationsverhalten als Freiheit von homiletischen Vorbildern, die ja exklusiv durch Männer repräsentiert sind. Unter Kommunikationsverhalten versteht sie Körperhaltung, Lautstärke und Schnelligkeit, Körpersprache und das Selbstverständnis, das die Predigerin projiziert. Bekanntlich machen die nonverbalen Äußerungen etwa 80 Prozent der Kommunikation aus. Hier ist es sinnvoll, sich zunächst einmal an Gesetze der Kommunikation zu halten, auch wenn sie zunächst mehr für Männerrollen geschrieben wurden. Andererseits bietet die Freiheit von vorgeprägten Mustern die Chance, neue Wege zu gehen.

Ein drittes Merkmal bezieht sich auf die Rolle, die sich die Predigerin in autobiographischem Material gibt, das sie zur Veranschaulichung einsetzt. Die Predigerinnen erscheinen hier weniger als Heldinnen der Geschichte, vielmehr tritt das Bekenntnishafte in den Vordergrund. Dies wiederum ruft die Hörerinnen und Hörer zur Empathie auf, die eine Identifikation erleichtert. Das Lehrhafte, wie wir es von vielen Predigten durch kirchliche Amtsträger gewöhnt sind, tritt in den Hintergrund. Damit zusammen hängt auch das vierte Merkmal, die Einbeziehung der Lebenswirklichkeit von Frauen zur Veranschaulichung. Bekanntlich macht der Bezug auf konkrete Lebenssituationen die Aktualität der Gleichnisse Jesu aus. Wie die Predigt- und Meditationsliteratur zeigt, arbeiten Frauen eher mit Metaphern aus der Lebenswelt der Frauen, zum Beispiel weben, Brot backen oder gebären, um etwa dem Schöpfungsgedanken (Gen 1,31) Ausdruck zu verleihen. Wir sind durch die jahrhundertelangen exklusiven Männerpredigten gewöhnt, Identifikationsfiguren mehr oder weniger ausschließlich aus der Welt der Männer zu verwenden.

Carol Noren verschweigt nicht die Gefahren, die hinter den an sich positiven alternativen Sprech- und Denkweisen von Frauen liegen. So nennt sie die Tendenz zu unnötigen Detailinformationen in exegetischem und veranschaulichendem Material. Ein weiteres, freilich nicht frauenspezifisches Problem liegt in der Konsequenz gewisser befreiungstheologischer und feministisch-exegetischer Ansätze, die Motor auch antisemitischer Tendenzen sein können. Dies hängt damit zusammen, daß die positiven Identifikationsfiguren auf der Seite der Verlierer stehen, Samariter und Samariterinnen, Zöllner und Prostituierte. Die Auseinandersetzung mit den Pharisäern, Repräsentanten des jüdischen Establishments, führt leicht zu einer Verallgemeinerung der Ablehnung in bezug auf das Judentum insgesamt. Dieser Hinweis zeigt, wie wichtig es ist, die Texte genau zu studieren.

Neben diesen mehr inhaltlichen Momenten nennt Noren noch vier weitere, die die Dynamik des Kommunikationsgeschehens in den Blick nehmen. Die Suche nach einer integrativen Predigtsprache, der Autoritätsanspruch einer Predigt, das Verhältnis der Predigerin zur Gemeinde und die spezielle Problematik der Stimmlage der Predigerin. Unter integrativer Predigtsprache versteht sie eine Sprache, die keine Werturteile und Rollenfestschreibungen in jeder Hinsicht vornimmt. Diese Suche nach Inklusivität ist in den Frauenpredigten stärker anzutreffen als in den Predigten von Männern. Allerdings ist das Mühen um eine integrative Sprache kein leichtes Unterfangen, vor allem dann, wenn man keine »Satzungeheuer« produzieren will. Was den Autoritätsanspruch der Predigerin anbetrifft, so macht Noren auf den vergleichsweise hohen Anteil einschränkender Aussagen und auf die gewisse Scheu vor einem zu stringenten Aufbau der Predigt aufmerksam. Einschränkende Aussagen sind Formulierungen wie »meinen Sie nicht auch«, »es scheint mir so, als sei ...«, »ich habe das Gefühl, daß ...« usw. Was den stringenten Aufbau anbetrifft, so geht es nicht um die Frage eines zweifelhaften rationalistischen Konzepts, sondern um allgemeingültige Kommunikationsbedingungen. Wenn man das Gesagte nicht in einem Satz zusammenfassen kann, dann besteht die Gefahr, daß entweder nichts gesagt oder das Intendierte nicht vermittelt wurde.

Einen interessanten Gesichtspunkt stellt das Verhältnis zwischen Predigerin und Gemeinde dar. Offensichtlich greifen Frauen gern auf zwei bestimmte Rollen zurück: die Tochterrolle und die Mutterrolle. Wird die Tochterrolle gewählt, so werden vor allem Zustimmung und Unterstützung von der Gemeinde gesucht. Wird das Verhältnis eher von der Mutterrolle bestimmt, so gelten als typische Charakteristika geduldige Erklärungen und Wiederholungen im Sinne mütterlichen Fürsorgeverhaltens. Im Unterschied zur von männlichen Predigern oft eingenommenen Vaterrolle wird hier ein größeres emotionales und spirituelles Engagement erwartet.

Ein letztes, nicht zu unterschätzendes Problem ist das der Stimmlage der Predigerin. Hier muß man den Raum mitbedenken, der in der Regel aufgrund seiner akustischen Disposition der männlichen Stimme mehr entgegenkommt als der weiblichen. Eine natürliche Stimmlage, die der Sprecherin und dem Raum gerecht wird, ist durch »try and error« zu finden und einzuüben. Allerdings haben es Frauen aufgrund der eingefahrenen Hörerwartungen prinzipiell schwerer als Männer. Es wird noch eine Zeitlang dauern, bis man das Sprechverhalten von Frauen und Männern nach denselben Kriterien beurteilt.

Was Carol Noren für den nordamerikanischen Raum am Ende sagt, gilt auch für Mitteleuropa: Das Bewußtsein wächst, daß auch Frauen-Wort Gottes-Wort zur Sprache und zum Klingen bringen kann, ja muß, damit die Kirche wieder zu einem Ort wird, »wo der Geist blüht« (Traditio Apostolica 41).

Albert Gerhards

Erwähnte Literatur

Teresa Berger/Albert Gerhards (Hg.), Liturgie und Frauenfrage. Ein Beitrag zur Frauenforschung aus liturgiewissenschaftlicher Sicht (= Pietas Liturgica 7), St. Ottilien 1990.

Didache. Zwölf-Apostel-Lehre, übersetzt und eingeleitet von Georg Schöllgen. Traditio Apostolica. Apostolische Überlieferung, übersetzt und eingeleitet von Wilhelm Geerlings (= Fontes Christiani 1), Freiburg u. a. 1991.

Albert Gerhards/Anneliese Knippenkötter/Birgit Osterholt-Kootz/Stephanie Scharfenberg (Hg.), Wahrhaftig, Gott ist bei euch! Wie feiern wir heute Liturgie?, Paderborn 1994.

Gottfried Bitter/Albert Gerhards (Hg.), Glauben lernen – Glauben feiern. Katechetisch-liturgische Versuche und Klärungen (= Praktische Theologie heute 30), Stuttgart 1998.

Georg Schöllgen, Die Anfänge der Professionalisierung des Klerus und das kirchliche Amt in der Syrischen Didaskalie (= Jahrbuch für Antike und Christentum, Ergänzungsband 26), Münster 1998.

Zum gemeinsamen Dienst berufen. Die Leitung gottesdienstlicher Feiern – Rahmenordnung für die Zusammenarbeit von Priestern, Diakonen und Laien im Bereich der Liturgie. 8. Januar 1999, hg. vom Sekretariat der Deutschen Bischofskonferenz (= Die deutschen Bischöfe 62), Bonn 1999.

»Eine befriedigende Lösung«. Die Regelung des außerordentlichen Predigtdienstes von Laien in der Eucharistiefeier in der Diözese Rottenburg-Stuttgart, in: Gottesdienst 33 (1999) Heft 9, 68f.

KURZ VORGESTELLT

Mit der Rubrik »Kurz vorgestellt« möchten wir hinweisen auf Bücher und gegebenenfalls andere Materialien, die Anregungen geben für liturgische Gestaltung oder Themen aufarbeiten, die dem Bereich »Grundsätzliches« zuzuordnen sind.

Reiß mich in deine Zukunft

Benedikta Hintersberger/Stefanie Spendel (Hrsg.), Reiß mich in deine Zukunft. Mit Frauen der Bibel beten, Don Bosco Verlag München, 1998, 236 S., DM 28,–

Ein neues biblisches Gebetbuch? Der Untertitel macht neugierig auf Frauen, die beteten und mit denen wir wohl heute noch beten können. Frauen der Bibel bringen den Lebensalltag in das Gottesgespräch, um so zu danken, zu klagen, zu bitten und zu loben.

Das Buch zeigt Lebenswirklichkeiten von Frauen in einer anderen Zeit und in einer anderen Sozialstruktur als der unseren. Doch sind die Lebenswirklichkeiten biblischer Frauen gar nicht so fremd und fern, wenn wir sie betrachten.

Die einzelnen Kapitel des Buches bereichern den Tag, an dem wir uns Zeit für eine biblische Meditation nehmen. Die Texte können aber auch neue Töne in einen (Frauen-)Gottesdienst hineinbringen. Frauen der Bibel, die im liturgischen Jahreskreis nur selten vorkommen, werden als Handelnde und Betende lebendig. Sie werden lebendig durch die einfühlsamen Gedanken der verschiedensten Autorinnen in das einzelne biblische Frauenleben.

Es empfiehlt sich, jeweils zunächst den angegebenen Bibeltext zu lesen und erst dann den Text, der die biblische Erzählung beleuchtet. Besonders gut gefallen hat mir, daß am Ende immer ein Gebet steht, das aus der Erläuterung und Nachdenklichkeit gleichsam herauswächst als Hinwendung zu Gott. Es ist die Einladung an uns betende Frauen heute, unser Leben mit Glück und Versagen zu sehen und von Gott annehmen zu lassen.

Der gute Gott liebt auch uns, wie er Sara, Ester und Maria von Magdala geliebt hat und sie in seine Zukunft führte.

Anneliese Knippenkötter

VERWENDETE SCHRIFTSTELLEN

TEXTNACHWEIS

(Bei einigen Texten konnten wir keine Quellen bzw. Rechtsinhaber ausfindig machen. Für Hinweise sind Herausgeberinnen und Verlag dankbar.)

S. 11–22: Miriam Brassloff, aus: »Weitergehen 1997, Texte zum Nachdenken«, hrsg. vom Bayerischen Mütterdienst, Burckhardthaus-Laetare Verlag, Offenbach 1996

S. 13–17.20–24: Marie-Luise Langwald, aus: Marie-Luise Langwald, Frauen-gestalten, Patris Verlag GmbH, Vallendar, und KlensVerlag, Düsseldorf 1992

S. 18/19: Marie-Luise Langwald, aus: Marie-Luise Langwald, WiederBeLeben, Patris Verlag GmbH, Vallendar, und KlensVerlag, Düsseldorf 1996
S. 33: Cornelia Gleißner, aus: Brigitte Enzner-Probst, Auf den Schwingen der Sehnsucht. (GTB 542). Gütersloher Verlagshaus. Gütersloh, 1995
S. 34/35: Carter Heyward, aus: Carter Heyward, Und sie rührte sein Kleid an. Eine feministische Theologie der Beziehung. Kreuz Verlag, Stuttgart 1986
S. 35: Ursula Stoll, aus: Brigitte Enzner-Probst, Auf den Schwingen der Sehnsucht. (GTB 542). Gütersloher Verlagshaus. Gütersloh, 1995
S. 40: Kurt Marti, aus: Kurt Marti, Namenszug mit Mond, Gedichte. Werkauswahl in fünf Bänden, © 1996 Verlag Nagel & Kimche AG, Zürich
S. 41–44: Irene Löffler, Dagmar Mensink, Marlies Mittler-Holzem, Claudia Nietsch-Ochs, Dorothea Sattler, aus: Benedikta Hintersberger, Stefanie Spendel (Hrsg.), Reiß mich in deine Zukunft. Mit Frauen der Bibel beten. München: Don Bosco Verlag 1998
S. 60: Eine wandernde Aramäerin war meine Mutter, aus: Wir sind keine Fremdlinge mehr, Evangelisches Missionswerk, Hamburg 1987
S. 61/62: Nelly Sachs, aus: Nelly Sachs, Ausgewählte Gedichte. © Suhrkamp Verlag Frankfurt am Main 1969
S. 68: Hanna Strack, aus: Hanna Strack, Segen – Herberge in unwirtlicher Zeit, © Hanna Strack Verlag Pinnow
S. 72: Christine Lavant, aus: Christine Lavant, Die Bettlerschale, © Otto Müller Verlag, Salzburg 1956

Nutzen Sie die Vorteile des Abonnements.
Bestellen Sie jetzt.

- Günstiger Abonnementspreis
  DM 13,–/öS 95,–/sfr 13.– pro Band
  (statt DM 14,50/öS 106,–/sfr 14.50 bei Einzelbezug)
- Sie können mit Vorschlägen dieses Periodikum mitgestalten. Ihre Anregungen sind den Herausgeberinnen willkommen.

FrauenGottesDienste
Das Periodikum für Sie.

Bestellschein

Bitte diesen Bestellschein ausschneiden, ausfüllen, in Couvert stecken und an Ihre Buchhandlung oder Ihren Verlag absenden.

Schwabenverlag AG
Senefelderstraße 12 · 73760 Ostfildern

KlensVerlag GmbH
Prinz-Georg-Straße 44 · 40477 Düsseldorf

Nutzen Sie die Vorteile des Abonnements.
Bestellen Sie jetzt.

- Sie sind immer aktuell und »auf der Höhe« zeitgemäßer Gottesdienstgestaltung für Frauen.
- Sie bauen sich kontinuierlich eine praxisorientierte Materialsammlung auf.

FrauenGottesDienste
Das Periodikum für Sie.

Wenn Sie **FrauenGottesDienste** noch nicht abonniert haben, sollten Sie es jetzt tun.
FrauenGottesDienste ist eine Reihe, in der jeweils zu einem bestimmten Thema Modelle, Materialien und Anregungen gesammelt sind.
FrauenGottesDienste erscheint halbjährlich, März und September.

☐ **Ja**, ich bestelle **FrauenGottesDienste** zum Abonnementspreis von DM 13,–/öS 95,–/sfr 13.– pro Band, zuzüglich Versandkosten, ab Band Nr. ....
Rechnungsstellung erfolgt jeweils mit dem ersten Band eines Kalenderjahres.
Mein Abonnement verlängert sich automatisch um 1 Jahr, wenn ich nicht 6 Wochen vor Ende eines Kalenderjahres schriftlich kündige.

☐ Von den bereits erschienenen Bänden bestelle ich zusätzlich die Bände Nr. ....

Name, Vorname ....

Straße ....

PLZ, Ort ....

Datum .... ✗ Unterschrift ....

Vertrauensgarantie: Das Abonnement kann ich innerhalb einer Woche (Poststempel) schriftlich bei der Adresse widerrufen, bei der ich bestelle. Von diesem Recht habe ich Kenntnis genommen und bestätige dies mit meiner Unterschrift.

Datum .... ✗ Unterschrift ....